三大中国病

天命思想・科挙・礼教

石 平
Seki Hei

PHP新書

はじめに

この度、拙著の『三大中国病　天命思想・科挙・礼教』をＰＨＰ新書で刊行することとなった。

本書を書くに至ったのは実は、日本に来てからずっといくつかの問題意識を持っていたからである。その一つは、日本は古代から中国に学び、中国から政治制度・文字・哲学思想などさまざまな文明と文化の要素を積極的に導入していた。しかしその中で日本は中国とはまったく違った文明を築き上げ、中国とまったく違った国になったのは一体なぜなのか、である。

この問題とも関連するが、日中の間にはもう一つ大きな違いがある。明治からの日本は近代文明国家へ見事に脱皮し、現在では世界屈指の民主主義先進国となっている。しかしそれに対し、中国は近代化が遅れて、多くの挫折を経験し、そして今でも政治の面では前近代的な独裁国家のままである。同じ漢字文化圏のアジアの国なのに、こうした日中間の大いなる違いは一体どこから生じてきたのか、これも私が今まで持ってきた問題意識の一つである。

日本と同じく中国の周辺国である朝鮮の場合、昔から中国の文明と文化を全面的に導入していたことは周知の通りである。しかしその結果、例えば李氏朝鮮時代の朝鮮半島はそのまま「小中華」となってしまい、中国と同じく近代化に時間がかかった。同じ周辺国として中国から文明・文化を導入してきた日本と朝鮮半島は一体どう違うのか、この問題への問いかけが、私が持つもう一つの問題意識である。

そして私は長い間、以上の三つの問題意識から日本と中国、そして日本と朝鮮半島との違いの核心を煎《せん》じ詰めて考え抜いた結果、次のような答えにたどり着いた。

それは要するに、中国の文明と文化の伝統には何か「有害なもの」があってそれが中国自身を駄目にしてしまった。が、幸いなことに、日本は中国から文明と文化を導入した時にその「有害なもの」を受け入れなかったから中国と同様な国になる運命を免《まぬが》れた。一方の朝鮮は中国伝統の「有害なもの」をそのまま丸呑みしたからこそ、中国と同じような駄目な国になったのではないか、ということである。

そうなると、中国伝統の「有害なもの」とは一体何か、それこそが問題の焦点となってくるのだが、長年の思考と探究の結果、私は中国の伝統から「有害なもの」の最たるものを三つ探し出し、それらこそが中国を駄目な国にした元凶であると確信するに至った。この三つの有害なものとはすなわち「天命思想・科挙・礼教」で、いわば「三大中国病」といえるものであるが、実は、日本は古代から中国の文明・文化を受け入れる中でこの三つのものを断固として拒否し「三大中国病」からの感染を免れた。その一方、朝鮮半島は「天命思想・科挙・礼教」をそのまま導入したからこそ、いわば「三大中国病」に犯されて極めて不健全な国となったわけである。

ならば、「三大中国病」といえる天命思想と科挙と礼教はそれぞれ、一体どういうものなのか。これらのものは中国と中国人にどのような危害を与えて、中国を形作るのにどのような悪影響を及ぼしたのか。その一方、古代から江戸時代まで日本人はこの「三大中国病」の有害性を一体どうやって見破ってそれらを拒否するに至ったのか。そしてそれは日本に一体どのような良い結果を与えて、過去と現在の日本人はそこからどのような恩恵を受けているのか。

こうした問題への探究は、中国と日本の両方を理解する上で大変有意義にして興味の深い話となってくるのだが、今、皆様が読んでいらっしゃる本書こそまさに、これらの大問題に対する筆者自身の長年にわたる探索の結果としてまとめた一冊である。

具体的な内容は本文にゆずるが、一つ結論的なことを申し上げると、「三大中国病」に犯された中国は、明清時代において文字通りの野蛮国家に成り下がっていたのに対し、同時代である江戸時代の日本はむしろ、近代文明の入り口に立った世界有数の文明国家となっていたのである。

「明清時代の中国は野蛮国家、江戸時代の日本は文明国家」と断言すると、当の中国人たちは一様に憤慨して反発してくるだろう、おそらく多くの日本人でさえ、このような「暴論」に対して多大な違和感を持つかもしれない。しかし、本書を一度通読していただけたら、大半の日本人の読者はこれに納得していただけると思うし、憤慨する中国人ももはや黙ってしまうに違いない。

それはさておき、文明・文化における彼我《ひが》の違いを浮き彫りにして、中国・朝鮮と日本に対する皆様の理解の一助になるのはまさに本書の願いであって、この願いが少しでも叶うことができれば、それこそは著者にとって無上の幸せである。

最後に、本書の企画・編集に多大なご尽力をいただいたPHP研究所の皆様に心からの感謝を申し上げたい。そして、本書を手にとってくださった読者の皆様にはただひたすら、頭を下げて御礼を申し上げたい次第である。

石平

令和5年早春、奈良市西大寺周辺独楽庵にて

三大中国病　目次

第1章　日本はどうやって中国流暴君政治と易姓革命の蟻地獄から自由になれたのか？

第2章 科挙制度を拒否した日本——江戸時代の文化繁栄と近代化の鼓動

第3章 「野蛮の明清時代」と「文明の江戸時代」の違いはどこから来たか

終章　今でも「皇帝政治」と「易姓革命」から脱出できない中国の悲哀

第1章

日本はどうやって中国流暴君政治と易姓革命の蟻地獄から自由になれたのか？

中国史上における「皇帝」の誕生

日中両国の歴史上、中国にあって日本にない存在の一つに「皇帝」というものがある。日本人は古来、天皇という至高無上の存在を戴いているが、後述するように日本の天皇は中国の皇帝とはまったく別次元、別性格のものであって、同列には語れない。「皇帝」はやはり、中国史独特のものである。

中国の歴史上に皇帝が誕生したのは紀元前221年のことである。それ以前の中国は、「戦国七雄」と呼ばれる7つの国が並立して覇権を争う戦国時代にあった。前226年から、「戦国七雄」の一つである秦国は国王嬴政《えいせい》の指揮下で、他の6カ国に対する併合戦争を発動し、それらの国々を次から次へと滅ぼしていった。そして前221年、秦国は天下統一を果たして中国史上最初の統一帝国の秦王朝を創建した。

新しい統一帝国の主となった嬴政は、「国王」という従来の称号に満足せず、自らの新しい称号として「皇帝」を採用した。それは、古来の最高神である「天皇」「地皇」「人皇」という「三皇」から「皇」という一文字を取り、上古の伝説中の聖君である黄帝や堯《ぎょう》・舜《しゅん》などの「五帝」から「帝」の一文字を取って新造した称号であるが、この称号を採択した秦王の意図は、宇宙の最高神であり万物の総宰者である「皇皇《こうこう》（煌煌《こうこう》）たる上帝」に自らを比擬《ひぎ》し、それまで地上に現れたどの君主（帝、天子、王）よりもはるかに優越した地位と権威を天下に示すことにあったと考えられる。とにかくこれで、「皇帝」というものが中国史上に誕生したのである。

秦の始皇帝が作り上げた「皇帝独裁の中央集権制」

皇帝となった嬴政はまた、それまでに秦国の中で原型を整えた郡県制をモデルにして、皇帝独裁中央集権制の統治システムを作り上げて全国で実施した。

秦王朝以前の戦国時代まで、全国を名目上、統治したのは周王朝（西周・東周）であるが、周王朝の基本的な政治制度は封建制であって、全国の土地は多くの諸侯国の領地となり、天下万民が各諸侯国によって分散的に統治されるというシステムであった。

しかし、秦の始皇帝が作り上げた中央集権制の下では、全国の土地と人民はすべて皇帝の領有となり、王朝の直接支配下に置かれている。そして以前の諸侯たちに代わって各地方の統治に当たるのは、皇帝の手足として朝廷から任命された官僚である。命令はすべて都にある朝廷から発せられ、権力はすべて朝廷に集中しているから、それを「中央集権制」と呼ぶ。そしてその中で朝廷の唯一の主はすなわち皇帝であり、意思決定の最終権限は皇帝の手にあるから、筆者はそれを「皇帝独裁の中央集権制」と名付けている。

「一君万民」の政治体制

歴史書で一般的に「郡県制」と呼ばれる秦王朝の皇帝独裁中央集権制は、具体的に次のような形を取っている。

秦王朝はまず、統一した全国の土地を36の「郡」（後に48郡）に分ける。郡の下にはさらに「県」を置いて、郡は中央政府から派遣される守（行政官）、尉（軍事官）、監（監察官）によって、県は同じ中央政府から派遣される行政官の令と軍事官の尉によって治められる。

そして中央政府においては、左右の丞相（宰相）を筆頭に、それを補佐する役目として御史大夫（副宰相）、太尉（軍事長官）を置き、その下に官僚機構を据えた。

もちろん、前述の地方の守・令・尉、中央の丞相・御史大夫・太尉などの上級官職の任命権は全部皇帝の手にあり、官僚組織全体はまさに皇帝の手足として動かされているのである。

官僚たちは皇帝の命令を受けて各地方の統治に当たるが、彼らはもはや、各地方の人民にとっての主ではない。人民にとって唯一の主・支配者は皇帝その人であって、官僚はただの皇帝の手足、僕《しもべ》であるに過ぎない。官僚は、皇帝の代行として政治権力を行使している点では人民よりは上位であるが、皇帝の僕である点においては、じつは人民と何の変わりもない。つまり皇帝が唯一の主、人民と官僚のすべては僕であるという、いわば「一君万民」の政治体制が秦王朝において出来上がるのである。

わずか15年で滅んだ皇帝独裁の支配

前述のように、秦の始皇帝が創建した中央集権の政治体制においては、「皇帝」という名の絶対的権力者が誕生してすべての政治権力が独裁者の皇帝に集中させられ、皇帝が天下唯一の主権者となって万民を支配するという「一君万民」の政治体制が出来上がった。

このような体制が出来上がると、人民に対する皇帝の政治支配が盤石となって、皇帝独裁が揺るぎない永久のものとなっているかのようにも見える。実際、秦の始皇帝が自らを「始皇帝」と称するのも、自分の死後に子孫たちの皇帝独裁が「二世皇帝」「三世皇帝」へと永遠に続くことを念頭に置いているからである。

しかし、のちの歴史の展開はこの絶対的な権力者の意にまったく反したものである。秦の始皇帝が死去して二世皇帝が即位した翌年（前209年）に人民の反乱が起こり、2年後の前207年に二世皇帝が殺された。そして三世皇帝となる予定の公子嬰《こうしえい》が即位もしていないうちに反乱軍が首都の咸陽《かんよう》に迫ってきて、秦王朝が潰れた。秦の始皇帝が苦心して創建した秦王朝とその強固に見えた皇帝独裁の政治支配は、わずか15年にして滅んだのである。

詔書を偽造して新皇帝を擁立

秦王朝の驚くべき早い滅亡は、一体どういうものだったのか。ここで一度、王朝が崩壊していくプロセスをもう少し詳しく見てみよう。

前述のように、秦の始皇帝が死去したのは前210年であるが、じつはその時、彼は地方視察の道中にいた。彼の死後、宦官の趙高《ちょうこう》と丞相の李斯《りし》が共謀して皇帝の死を伏せておき、皇帝の詔書を偽造した。本来なら皇位を継ぐべき太子の扶蘇《ふそ》に対し、亡き皇帝の命令として死を賜る一方、始皇帝の遺言だと偽って末子の胡亥《こがい》を新しい皇帝に擁立した。

この陰謀を主導したのは趙高である。太子の扶蘇より胡亥がはるかに暗愚であることと、趙高自身が胡亥の教育係を務めたことがその理由であろう。つまり趙高にとって、胡亥は大変御しやすい存在なのである。

果たして胡亥が秦二世となって即位すると、王朝の全権は趙高が握ることとなった。前述のように、秦の始皇帝が作り上げた皇帝独裁の中央集権制において、皇帝は絶対的な権威と無制限の権力を持つ存在となっているが、肝心の皇帝自身が暗愚で操られやすい人間である場合、臣下の誰かが皇帝を精神的に支配することができれば、皇帝の持つ無制限の権力がこの臣下の手に丸ごと移ってしまうこともある。秦の時代以来の中国史上、無数の弊害をもたらした「皇帝の落とし穴」の一つであるが、その始まりがまさに趙高と胡亥の関係である。

中国史上最初の農民反乱「陳勝・呉広の乱」

とにかく皇帝の胡亥を完全に操ることによって、趙高は権力の頂点に登り詰めてわが世の春を迎えた。だがまさにその時、王朝の土台を根底から揺るがす大事件が起きた。

前209年7月、現在の安徽《あんき》省宿州《しゆくしゆう》市付近の大沢郷で、強制的に徴兵されて北部国境の防衛に向かうはずの農民900人が、陳勝《ちんしよう》と呉広《ごこう》をリーダーに反乱を起こした。道中で大雨に遭って、定められた期日通りに目的地に到着することができず処刑される恐れがあったから、どうせ死ぬならいっそのこと、思い切って決起したのである。

それがすなわち、中国史上最初の農民反乱「陳勝・呉広の乱」の勃発である。

反乱軍は直ちに大沢郷を占領した後に周辺の諸県を攻略して、戦国時代の楚の国の首都であった陳を占領した。その時、反乱軍はすでに騎兵1000余、兵卒数万の大勢力に膨らんでいた。

そして乱の飛び火が直ちに全国に広がり、各地で農民を中心とした民衆が秦の官吏を殺して蜂起し、全国に及ぶ秦王朝の中央集権的支配が音を立てて崩れていった。

盤石に見えた秦帝国があっけなく滅亡

全国で立ち上がった数多くの反乱勢力の中には、かつての楚の国の貴族の末裔である項羽《こうう》の勢力と、秦王朝の末端官吏であった劉邦《りゅうほう》の率いる勢力がとくに目立った働きをしていた。そして陳勝・呉広勢は内部分裂で崩壊して両人とも殺されたのち、項羽と劉邦の二人が秦に対する軍事反乱の事実上のリーダー役となった。

こうした中で、項羽軍が現在の河北省邢台《けいだい》市にある鉅鹿《きょろく》で秦王朝の主力軍を撃破したのち、劉邦軍が王朝の首都である咸陽を目指して急進行し、ついに咸陽の城下に迫った。

その時、秦王朝の政権中枢はすでに末期状態であった。全権を握った宦官の趙高は丞相の李斯を殺したのち、自分の操り人形である秦二世にもついに手を下した。秦二世の死後、趙高は秦三世として皇族の公子嬰を擁立することにしたが、公子嬰は即位する直前にまず趙高を殺してその一族を滅ぼした。

しかし公子嬰は、咸陽の城下に迫ってきた反乱軍に対してはもはやなすすべもない。前206年10月、公子嬰は皇帝のシンボルである玉璽《ぎょくじ》を首に掛けて城外に出て、それを劉邦軍に献じて降伏した。全国統一を果たしてから15年、陳勝・呉広の乱が起きてからわずか2年半、あれほど強大にして盤石のように見えた秦帝国があっけなく滅亡したのである。

強大なはずの秦王朝がなぜ短命に終わったのか

秦王朝の早すぎた崩壊は、中国史上でも稀に見るケースである。秦王朝以前の時代では、実在とされる最初の王朝の殷《いん》王朝は少なくとも500年以上存続でき、その後の周王朝（西周）も300年以上続いた。そして秦王朝後の漢王朝は前漢と後漢を合わせて400年以上中国を支配した。しかし秦王朝の場合、あれほど強固な中央集権制の政治支配を固めていたのに、成立してわずか15年で滅亡した。その原因は一体どこにあるのか。

秦二世である胡亥の暗愚が王朝の崩壊を早めた一因であることはいうまでもない。しかし実際、この暗愚な二世よりも英邁であるはずの秦の始皇帝が行なった一連の前代未聞の暴政こそが王朝崩壊の最大の原因であろう。それは、中国だけでなく日本の歴史書にも一般的に定着しているような通説であり、いわば中国史学上の定説である。

天下を統一して皇帝独裁の政治体制を確立してからの始皇帝の暴政は確かに酷いものだ。たとえば思想統制を強めるためには、皇帝の命令で史書や哲学書などの書物を焚《や》いて処分したこと（焚書《ふんしょ》）や、儒者460人を生き埋めにしたこと（坑儒《こうじゅ》）はその一例であろう。焚書坑儒を断行したことで、秦王朝が知識階層の支持を失ったことは確実であろう。

しかし実際、秦王朝は知識人によってではなく、「陳勝・呉広の乱」から始まる民衆の反乱によって潰されたものだから、始皇帝の暴政の最大の被害者と反抗者はやはり農民を中心とした民衆である。秦の始皇帝の治世から秦二世までの十数年の王朝の政治において、民衆を苦しめた最大の暴政とは何か。それは、あまりにも大規模な兵役と労役の強制徴用である。

秦帝国が成立以来、滅ぼされた6カ国の遺民たちの反乱を警戒して中央集権制の統治システムを維持するために、常に数十万人の常備軍を持っていた。そして統一帝国の長い国境を守るためには、いわば防人としての大規模な国境守備軍を必要としている。その時、北部国境では匈奴の襲来を防ぐために常に30万人規模の兵士を駐屯させているが、南方では、今のベトナムに当たる南越《なんえつ》を制圧しておくために50万人規模の大軍を置いている。この三つを合わせれば110万人の兵力が必要とされるが、それが全員、一般民衆からの徴兵であることはいうまでもない。

しかし当時の秦王朝支配下の総人口は約2000万人、2000万人の人口から110万人の人々を兵役に徴用するとは、今の日本でいえば700万人近くの人々が徴兵されたようなものである。民衆に強いた負担の大きさは一目瞭然であろう。

秦の始皇帝の時代、王朝が国防のために行なったもう一つの歴史的な大プロジェクトは有名な万里の長城の建造である。北部の国境沿いに長さ数千キロメートルも及ぶ長城を建造するのに大量の労働力が必要とされたことは簡単に想像できるが、それはもちろん、全国から農民を中心とした一般民衆の徴用によって調達されている。一説によると当時、全国に縦横する道路網の整備などの公共事業と合わせて、徴用された労働力は何と150万人に上る。

そして、それらの国家的公共事業の展開と同時に、秦の始皇帝はまた、自らの住む宮殿と自らの眠る陵《りょう》の建造に多大な情熱を注いでいる。司馬遷の『史記』によると、巨大宮殿である阿房宮と始皇帝の陵である驪山陵《りざんりょう》の建造のために、罪人などからなる70万人の労役が動員されたというが、罪人であろうと何であろうと、全員がもともと民衆なのである。

このようにして、秦の始皇帝から秦二世の治世までの十数年間、秦王朝が兵役と労役の両方において一般民衆から300万人も徴用したことになっているが、総人口数が2000万人であることからすれば、国家の命令による兵力・労働力の徴用の規模の大きさは、民衆の耐えられる限界をはるかに超えていたことは確実であろう。

考えてみればすぐに分かる。総人口が2000万人であるなら、男はその半分の1000万人である。この1000万人の男から子供・老人を除けば、青壮年はせいぜい600万人程度であろう。そしてわずか十数年間、全国の青壮年の男600万人のうち、半分の人々は自らの住み着く土地と家族から切り離されて、国境の守備や宮殿や長城の建設などの苦役に駆り出されているのである。

そのことの結果はじつに深刻である。まず経済の面からすれば、農業を支える男の青壮年の半分が兵役や労役に徴用されてしまうと、農耕地の荒廃と農業の生産力の急速な低下が避けられないであろう。農業が一国の経済を支える柱であるこの時代、農業の荒廃が結果的に民衆全体の生活を破壊してしまい、彼らを食うや食わずの生き地獄に追い込むのは必至のことである。

その一方、兵役と労役に徴用された数百万人の男たちもまさに生き地獄の中で喘《あえ》ぐこととなっている。家族から切り離されて辺境の厳しい環境の中で兵役に就いたり長城の建造などの重労働を強いられたりする彼らは、おそらく満足のいく食事すら提供してもらえない。数百万人単位のそういう人々はまさに不平不満の塊となってしまい、彼らの存在は反乱が起こる温床となるのであろう。

そして前述のように、兵役に徴用された陳勝・呉広の一団が生きる道を断たれた中で立ち上がると、その飛び火があっという間に全国に広がり、暴政に苦しむ民衆はあちこちで蜂起を始めた。その結果、わずか2年半後に秦王朝が滅亡したのである。

このような急展開を見れば分かるように、陳勝・呉広の乱のずいぶん前から、秦の始皇帝の暴政はすでに民衆による一斉蜂起の温床を準備しておいたはずであろう。数百万人の反乱予備軍の不平不満が頂点に達するような状況があったからこそ、わずか９００人の反乱は一気に全国蜂起に拡大したのであろう。

秦王朝の早すぎた滅亡の最大の原因が、兵役・労役のあまりにも過度な大量徴用にあることは明らかである。

皇帝と皇帝政治の確立こそ災いの始まり

しかし、ここに一つの問題が出てくるのである。秦王朝自身の破滅を招くようなとんでもない暴政が、王朝の政策として十数年も実施されるようなことが、一体どうして可能だったのか、である。

秦王朝以前の殷王朝や周王朝なら、総人口の2000万人から3000万人の民衆を労役や兵役に徴用するような暴政の実施はまず不可能であろう。殷王朝あるいは周王朝の封建制の下では、王朝の王様であっても直接に支配できる地域は帝都周辺の「近畿」地域に限られている。王が民衆を徴用するならせいぜいこの地域においてであり、他の諸侯たちの領地へ行って誰かを徴用するのはまず無理である。もちろん、その他の諸侯たちの場合も同じで、人民を自由に支配できるのは自国の領地だけである。

つまり、殷王朝や周王朝の封建制の下では、全国人民の一割、二割が何らかの国家的事業のために徴用されるような事態が生じてくるようなことはまずない。そもそも、このような国家的大事業を行おうとする王様や諸侯はどこにもいないのである。

このようなことが可能になるのは結局、秦の始皇帝が作り上げた中央集権制においてである。中央集権制が全国人民を直接支配下に置いたからこそ、国家の意思で全国人民を労役と兵役として徴用して奴隷のように使うことができた。しかもその際、全国人民を支配している国家そのものはまさに暴力装置であるから、強制的に人民を動員することができる。

そして、秦王朝の中央集権制はそのまま皇帝独裁の中央集権制であるから、全人民の一、二割を兵役・労役に徴用するようなことが、皇帝の命令の一つでできる。権力の頂点に立つ皇帝の意思一つで、数百万人の人民が自由を奪われて奴隷のように働かされるとはじつに恐ろしいシステムであるが、皇帝独裁の中央集権制はまさにこのようなものである。

皇帝独裁の中央集権制には、もう一つの特質がある。皇帝の意思決定あるいは命令であれば、それがどんな愚策であっても、あるいはどれほど行き過ぎた暴政であっても、それにブレーキをかけたり、止めたりする力は体制の中にはいっさいない、ということである。皇帝は無制限の権力を持つだけでなく、それ自体が「天子」としての神格を持つ存在であるから、皇帝に異議を呈したり皇帝の意に逆らえたりする者は、王朝の中には存在しない。

だからこそ、いずれ王朝自身の首を絞めることになる秦の始皇帝の暴政は、なんの障害もなく実施されたのである。よく考えてみれば、全国の青壮年男子の半分を国の経済的土台である農業生産から切り離して無駄な「公共事業」や宮殿作り・陵作りに使ってしまうようなことは、民衆にとっての暴政だけでなく王朝自身の疲弊につながる失政でもある。意思決定としてはあまりにも無謀である。しかし秦の始皇帝がそれをやりたいなら、誰一人彼を止めることはできない。秦の始皇帝のやりたい放題である。

秦の始皇帝のやりたい放題は結局、自ら作った王朝の寿命を縮めることとなる。彼の暴政がまかり通った結果、全国で数百万人の人々が兵役と労役に苦しみ、それ以外の一般民衆も経済の疲弊に苦しむこととなった。秦の始皇帝が死去してまもなく、まさに兵役や労役に徴用された農民たちと暴政に苦しむ全国の人民の蜂起によって、秦の始皇帝が作り上げた皇帝独裁の中央集権制国家そのものが跡形なく消滅してしまったのである。

こうして見ると、秦王朝の滅亡を招いたのは人民の大量徴用を主とする秦の始皇帝の暴政であるが、それを可能にしたのはまさに、彼自身の作り上げた皇帝独裁の中央集権制の政治システムである。つまり、秦王朝の創建した政治体制にこそ、秦王朝の早すぎた崩壊・滅亡の最大の原因があるのである。

逆説的に言えば、要するに皇帝の権力の強さと絶大さこそが皇帝政治の破滅を招く最大の原因であって、秦の始皇帝の権力が強過ぎたからこそ、それが仇《あだ》となって、彼の創建した王朝はわずか15年間で滅んでしまったわけである。

じつは秦王朝が全国を統一して成立した当初、王朝の中では、殷王朝や周王朝と同様の封建制を採用すべきではないかとの意見もあった。しかし宰相の李斯がこれに猛反対し、秦の始皇帝自身も封建制の復活にあまり興味がなかった。結局、皇帝自身の権力の絶大化につながる中央集権制が創建された。歴史にイフはないとよくいわれるが、もしその時点で始皇帝が中央集権制ではなく封建制を帝国の政治システムとして採用していたら、その後の秦王朝の歴史はどうなっていたのだろうか。少なくとも、わずか15年で滅ぶようなことはなかったに違いない。

しかし結果的に秦王朝は皇帝独裁の中央集権制を採用してしまい、そして秦王だった嬴政が始皇帝となってしまった。その結果、王朝創建から15年後、始皇帝自身の死去からわずか2年半後、彼の作った秦王朝は中国史上、最も短命な王朝の一つとして滅んでしまった。こうして見ると、秦の始皇帝による皇帝と皇帝政治の確立は、まさに秦王朝にとって災いの始まりだったのである。

皇帝権力の権威付けは前漢王朝の重要課題

秦王朝滅亡の後、天下を統一して再びの大帝国を創建したのは前漢王朝である。

前漢王朝の初代皇帝の劉邦やその臣下たちにとって、あまりにも短命に終わった秦王朝は大いなる歴史の教訓であった。わずか15年で滅んだ前王朝の二の舞いにならないためにどうすべきなのか、せっかく創建した新王朝を長く存続させるためにはどうすればよいのかは、彼らにとっての重大なる政治課題となった。

そのために前漢王朝は創立からのしばらくの間、兵役や労役の大量徴用で民衆を過度に苦しめた秦王朝のやり方を改め、いわば「無為の政治」を行なって万民に休息を与えることに心をかけた。その一方、全国一律的に中央集権制を敷いた秦王朝の失敗に懲りて、周王朝の封建制を部分的に復活させ、中央集権制と封建制との混合体である「郡国制」を創建した。つまり、全国の土地の一部を中央の直接支配下に置いて中央集権制を実施する一方、もう一部を領地として皇族や功臣に与えて彼らによる諸侯国の建国を許した。

しかしそれでも前漢王朝は、秦の始皇帝の作った皇帝という称号をそのまま援用して、王朝政治の全体において秦王朝同然の皇帝独裁政治を踏襲《とうしゅう》した。そうなると、王朝の長期的安定化を図ろうとする前漢政権にとって、皇帝という絶対的な権力者の地位をいかにして正当化し、その絶対的な権威をいかに樹立するかが大きな課題となる。古今東西を問わず、権力というものには人々を心服させるような権威が備わっていなければ、その権力は長く持つことはできないし、赤裸々な権力には、何らかの箔《はく》付けをしておかなければならない。

ことさら前漢王朝に関していえば、王朝成立のその日から、皇帝の権威の箔付けは非常に重要な政治的課題となっている。なぜならば、前漢王朝の創建者であり、初代皇帝の劉邦その人の出自と素性は、誰から見ても皇帝という天下の最高権力者の地位とはあまりにもかけ離れているからである。

劉邦は現在の江蘇《こうそ》省沛《はい》県にあった「豊邑中陽里」という田舎町で、普通の農夫である劉公の三男として生まれた人である。成人してからは酒食を好むような遊び人になって郷里の任俠と交遊し、中年期になるまでは定職にすら就かなかったという。いってみれば、当時の中国社会の底辺のどこにでもいるような破落戸《ならずもの》であるが、よりによってこのような人物が、天下を手に入れて万民の上に君臨する皇帝になったわけである。

しかし天下の万民、とくに当時のエリート階層の人々からすれば、自分たちが一体何のためにこのような田舎出身の破落戸を君主として戴かないといけないのかは常に大きな疑問の一つとなっていた。つい10年前に郷里の豊邑中陽里でフラフラしていた遊び人が皇帝になったとしても、人々から衷心《ちゆうしん》の敬服を勝ち取ることはなかなかできない。劉邦の出自・素性と皇帝という地位とのあまりにも大きな落差は、前漢王朝皇帝の権威確立の大いなる障害となっていたのである。

秦王朝を創建した秦の始皇帝こと嬴政の場合、彼は皇帝になる以前から生まれながらの国王であって、祖先はもう何百年前から王族として秦国を治めてきた。どこの馬の骨だか分からない劉邦と比べれば、秦の始皇帝の出自ははるかに「高貴」なものであって、歴史と伝統に基づく権威性は最初から秦の始皇帝に付いていたのである。

こうして見ると、前漢王朝の高祖・劉邦に最も欠如しているのはまさに歴史と伝統から生まれる権威性というものである。この欠如は、じつは劉邦本人にとっての問題だけでなく、前漢王朝の皇統にとっても大いなる問題だった。というのも、初代皇帝の劉邦がただの破落戸上がりであるなら、前漢王朝の血統のそのものが破落戸の血統であって、王朝の皇帝たちは皆、初代皇帝となった劉邦という破落戸の子孫に過ぎなくなってしまう。

したがって皇帝の権威の根拠付け（すなわち箔付け）は創建当時から前漢王朝にとっての重要課題であることが分かるが、王朝の歴代皇帝の中でこの課題に本格的に取り組み、一種の魔術を用いてそれを一挙に解決したのは7代目皇帝の武帝である。

武帝以前の歴代皇帝の治世下では、前漢王朝は経済の回復や中央集権制の増強などの喫緊の政治課題の取り組みに没頭していたが、やがて武帝の時代になると、政治と経済の両面はかなり安定化したので、武帝は皇帝の権威付けという残された最大の懸案事項の処理に取りかかった。

武帝が最大限に利用したのは、春秋時代末期に生まれた儒教の思想である。武帝は「独尊儒術」の政策を打ち出して儒教に独占的な国教の地位を与えると同時に、儒学者たちに命じて儒教思想の体系化を推し進めた。儒教は皇帝政治を正当化するための国家的イデオロギーとなる一方、人民を奴隷の如く支配し搾取する皇帝の独裁政治は、体系化された儒教によって正当な根拠を与えられて最高の箔付けをしてもらった。

その中で、儒教が皇帝政治の正当化の根拠として持ち出したのがすなわち「天命思想」というものである。天命思想は戦国時代の儒教の初期思想においてすでにその原型を現していたが、前漢の武帝の時代の儒学者たちはそれを古典から掘り出し再構築して、皇帝政治の絶好の箔付けとして王朝に捧げた。「天命思想」が中国皇帝の最大の正当化の根拠となった瞬間である。

破落戸上がりの皇帝政治を正当化する「天命思想」

この「天命思想」とは一体どういうものか。そして「天命思想」は一体どうやって、皇帝権力を正当化する役割を果たしているのか。それは概ね、次のようなものである。

まず儒教の作り出した世界観において、自然万物・森羅万象の絶対的支配者は「天」というものである。それは自然界の「天空」であると同時に、キリスト教のいう「神」に相当する、唯一にして全知全能の神聖なる存在である。そして森羅万象と同様、「天下」と呼ばれる人間世界も「天」によって支配されている。しかしその場合、「天」というのは沈黙の支配者であって、自らの意思を何も語らない。

ならば「天」は一体どうやって人間世界を支配するのか。そこで出てくるのが、「天子」と呼ばれる存在である。

「天」は自らの意思を直接、語りはしないが、人間の世界から誰かを自分の「子」として選び、「天子」であるその人物に支配権を委譲する。そして「天子」を通して人間世界を支配するのである。

その際、「天」が人間世界の支配権を特定の人間に委譲することは、「天命」をその人物に下すことであるが、「天子」に選ばれて天命を下された人物がすなわち皇帝という存在である。天子として「天」からの命を受けて人間世界を支配するのはまさに皇帝の果たすべき役割であって、皇帝が皇帝であることの所以《ゆえん》なのである。

さらに、委譲された支配権は、「天命」を下された皇帝本人だけでなく、その子孫にも受け継がれていくこととなる。

皇帝とその子孫たちの統治権は「天」から委譲されたものであるとされるので、その正当性はまさに神聖なる「天」によって保証されたものとなる。人間世界の誰もが認めるべきものであり、誰もが「天」の子である皇帝に服従しなければならない、という理屈がこれで成り立つのである。「天命思想」はまさにこのようにして、皇帝という権力者の権威と権力を正当化し、人々を従わせようとする。

儒教と政治権力との最大の「取引」

以上が、前漢王朝の武帝の時代に完成された儒教的「天命思想」の骨子である。真っ赤な嘘から発せられたこのイデオロギー装置の発明によって、初代皇帝の劉邦の時から前漢王朝をずっと悩ませてきた皇帝の絶対的権威の欠如の問題は、これで一挙に解消された。

そう、儒教的天命思想の下では、劉邦はどれほど卑しい出自の人間であっても、どれほど素性の悪い人間であってもいっこうに構わない。「天」はその彼を「天子」に選んで天下支配の大命を下した。それがすべてなのである。

「天」がどのような理由で劉邦を天子に選んだのかは、人間界の知るところでもなければ、知るべきことでもないが、「天」が劉邦を天子として選んだからこそ彼は皇帝になったのであって、それが何よりも重要である。人間界は「天」の意思に無条件に従う以外ないから、天下の人々は当然、「天」が天子として選んだ劉邦と彼の子孫たちに対して無条件に服従する以外にない、ということである。

つまり、皇帝は「天」によって選ばれた天子であるという天命思想の虚構によって、皇帝・劉邦に付きまとう出自の卑しさと素性の悪さの「大問題」は一気に吹っ飛ばされて、かつての破落戸の劉邦は、「天子」としての絶大な栄光と威光を身につけることができた。もちろん劉邦だけでなく、皇帝そのものが冒してはならない神聖なる存在となり、劉邦の子孫である後継の皇帝たちも同じく「天子」としての権威を持つことになった。

いってみれば、前漢王朝の武帝は儒教に国教的な独占地位を与えるのと引き換えに、儒教は前漢王朝の絶対的権威を箔付けするための「天命思想」を作り上げて武帝に捧げた。中国史上における、儒教と政治権力との最大の「取引」の成立だったのである。

もちろん、この「取引」の成立は何も前漢時代に限ったものではない。前漢以来の歴代王朝において「天命思想」は常に皇帝政治を正当化し、権威をまとうためのイデオロギーとして活用される一方、儒教は歴代王朝によって国家的イデオロギーの「王座」を与えられてわが世の春を謳歌し続けてきたのである。

天命思想の落とし穴と「易姓革命」

以上のように、前漢王朝時代の儒教は、朝廷から「国教」の地位を与えられたのと引き換えに、皇帝の権威付けのための思想的装置である「天命思想」を開発して皇帝に捧げた。そしてそれ以来、「天命思想」は前漢王朝に限らず、中国史上の歴代王朝によって重宝され、皇帝権威正当化の最高の武器として使われ続けた。

しかしその一方、皇帝政治の正当化のために開発されたこの思想装置には一つ、皇帝政治そのものにとっての大いなる落とし穴があった。

「天命思想」によれば、「天」は自らの意思に基づいて人間界の誰かを「天子」に選んで天下支配の権限を委譲することになっている。しかしそれなら、「天」が自らの意思を変えることによって、「天」は今の天子に対する権限委譲を撤回し、別の人間を天子に選んでその人物に天下統治の権限（すなわち天命）を与えることもできるわけだ。

具体的にいえば要するに、もし、「天」から支配権を譲られた皇帝とその子孫が、「天」の意思に背いて悪事を働いたり責務を放棄したりして天下を乱したら、「天」はいつでも自らの下した天命を撤収して、それを別の人物に下す。つまり別の人間を「天子」として改めて選び、天下の支配権をその人物に譲るのである。

そして、「天」が「天命」を今の皇帝から回収して別の人に下すことが、すなわち「革命」である。「革命」という漢語の本来の意味は、まさにこのことを指している。

天が「革命」を行なった結果、天下の支配権は当然、「劉」や「楊」などの姓を持つ皇帝とその一族から、「李」や「朱」など、別の姓を持つ人とその一族に移っていくことになる。この政治的大変動が、すなわち、中国史を彩る「易姓革命」である。

つまり天命思想というものは、ほぼ必然的に「革命」の思想を内包していることになるのだが、いつの時代でも、その時の王朝と皇帝にとってこれほど危険なものもない。「天命思想」によって正当化された皇帝の権威は同じ「天命思想」によっていつでも完全に否定されてしまう可能性があるのだ。「天命はすでにお前にはない。別の人に移されたぞ」と言われたら、皇帝にとって一巻の終わりなのである。

こうして見ると、前漢の武帝より、「天命思想」を発明した儒学者たちのほうが一枚上手であって、まさに深慮遠謀である。「天命思想」を使って今の皇帝様の権威付けに貢献することもできれば、同じ「天命思想」を使って今の皇帝の地位と政治権力を覆《くつがえ》すこともできるから、儒教は結局、皇帝と王朝の命の綱を握ることになる。だからこそ儒教は、前漢の武帝時代以来の王朝において一度も「国教」の地位を失ったことはない。じつに強《したた》かなものである。

その一方、「天命思想」が成立していれば、それを逆手にとって皇帝の地位をわがものにしようとする野心家が当然出てくる。前漢の武帝が死去してから約１００年後、文字通りの易姓革命は実際に行われた。王莽《おうもう》という前漢王朝の大臣は権謀術数を弄《ろう》して政治権力を握った上で、前漢の皇帝を廃して自ら皇帝となり、「新」という新しい王朝を作り上げた。

そのとき、王莽が自らの皇位強奪を正当化する理論はすなわち天命思想である。「天命」はすでに前漢王朝の皇帝から自分のほうに移されたと宣言し、前漢最後の皇太子から皇位を「禅譲」してもらう形で自らが皇位に登った。

前漢王朝の皇位の永続を図って、儒教の「天命思想」を国家的イデオロギーとして採用したのは前述の武帝であるが、彼が夢にも思わなかったことに、自分の子孫の皇位は結局、同じ「天命思想」の論理によって他人に奪われたのだ。何という皮肉か。

そして王莽による皇位禅譲と新王朝の樹立以来、「天命思想」に基づく旧王朝の転覆・打倒と新王朝の樹立が中国史の付きものとなって、「易姓革命」は繰り返されることとなった。

もちろん、実際の易姓革命はたいてい、前王朝の失政によって天下が乱れた結果、誰かが反乱を起こして前王朝を潰し、新しい王朝を立てる、というプロセスである。それでも「天命思想」の理論においては、このような政治変動は、「天」の意思による「易姓革命」の実現として解釈されるのである。

こうして見ると、儒教の「天命思想」は、皇帝の政治権力を正当化する思想であると同時に、皇帝の政治権力の剝奪と権力の交代を正当化する思想でもある。このようなイデオロギーの支配下では、王朝と皇帝の権力は「天命」によって保証される一方、同じこの「天命」によって、「易姓革命」の正当性もまた保証されることになるのである。

それゆえ天命思想の下では、「皇帝による人民の絶対的な支配」が中国歴代王朝の絶対的政治原理となる一方で、皇帝の絶対的支配を打ち倒して新しい皇帝の支配権を確立する「易姓革命」もまた、伝統的な政治原理となった。この二つの政治原理が同時に働いた結果、社会的大動乱や内戦の周期的発生、政治権力の残酷さが、中国政治を彩る大きな特徴となっていったのである。

つまりこういうことである。一人の皇帝が王朝を立てて支配体制を確立すると、神聖なる

「天」によって「天命」が自分と自分の子孫に下されているとの論理から、皇帝は自分と自分の一族こそが天下の主人だと思ってしまう。そして天下万民を「私物化」してしまい、収奪と支配をほしいままにする。

その一方で、皇帝とその一族は、易姓革命の発生を恐れる。それゆえ、日々、国内のあらゆる不穏な動きに目を光らせ、危険分子と思う人々に容赦のない弾圧を加える。「易姓革命」の原理においては、天下万民の誰もが反乱を起こして新たに天命を勝ち取る可能性があるわけだから、皇帝とその一族にとって、民衆は「支配・収奪の対象」であると同時に、常に監視して統制しておかなければならない「敵」でもあるのだ。

かくして中国では、天下万民は支配・収奪・統制の対象となり、常に不平不満を持つ存在になる。それゆえ王朝の支配と収奪の度が過ぎて、人々の最低限の生存権が脅かされるようになると、人々の中から必ず反骨の人が出てきて、自分こそが新たな「天命」を受けたと宣言して反乱を起こす。そしてその反乱が成功すれば、反乱者は必ず前王朝の皇帝一族を根こそぎ殺してしまい、死屍累々の上に新しい王朝を作り、前王朝の行なった支配と収奪と統制を繰り返していくのである。

だが、周期的な「易姓革命」が起きるたびに、中国という国は短くて十数年、長ければ１

00年以上の内戦状態に陥ってしまい、時には国民の半分以上がその中で命を失うことになる。しかも「易姓革命」の動乱と内戦が起きるたびに、今まで蓄積してきた社会の富と文化的財産が破壊し尽くされ、歴史が一度リセットされることになる。このように、中国の長い歴史において、天命思想と易姓革命から生まれたものは支配と収奪と統制、そして周期的な動乱と戦争であった。このような歴史は天下万民にとって、苦難の連続以外の何ものでもなかった。

以上、中国における皇帝独裁の中央集権制成立の一部終始と、皇帝政治の正当化根拠である天命思想誕生の経緯をつぶさに見た。秦の始皇帝の時代以来、皇帝独裁の中央集権制が必然的にもたらす暴政と圧政は中国の民にとって災いの元である一方、皇帝政治を正当化するための天命思想とそこから生まれた易姓革命の論理はまた、中国の歴史に周期的動乱と破壊をもたらして民衆を苦しめ続けてきた。

朝鮮半島は「小中華」そのもの

東アジアの中で、こうした中国流の中央集権政治と易姓革命の思想をそのまま導入したのは朝鮮半島の歴代国家である。7世紀に新羅《しらぎ》が半島を統一して以来、国王を頂点とした中央集権制が歴代の半島国家の政治制度の骨格となる一方、易姓革命の思想の下で朝鮮半島では新羅から後三国時代・高麗王朝へ、高麗王朝から朝鮮王朝へと王朝の交代が行われた。中国よりスケールははるかに小さいながら、朝鮮半島はやはり中央集権政治と易姓革命が定着した地域であって、まさに「小中華」そのものである。

あるいは、今は日本国の沖縄県となっているかつての琉球王国もやはりミニ版の中央集権の政治体制であって、易姓革命の地でもあった。

こうした中で、同じ東アジアにある日本の歴史はまったく違っている。日本でも一時、中国流の中央集権制の導入が試みられた時代があったが、後述するようにこのような独裁的な政治体制は結局根付かず、一過性的なものとなった。その一方、日本は天命思想というものを最初から拒否してまったく別の論理による天皇の権威付けを行い、易姓革命とは正反対の「万世一系」の伝統を保って現在に至っている。

日本は一体どうして、そしてどうやって中国流の天命思想と易姓革命を拒否して中国や朝鮮半島と違う歴史を辿ってきたのか。この問題に対する探究はまさに本章の後半の課題であるが、ここではまず、日本の大和朝廷が一度、中国から律令制を導入して中国流の中央集権政治を立てようとする歴史を回顧してみよう。

「律令」とは、中国で発達した法体系のことである。犯罪と刑罰を規定する「律」と、国家制度全般にわたる諸規定を含む「令」、合わせて「律令」と呼ばれることに由来する。この法体系を軸にした政治体制、国家の諸制度がすなわち「律令制」である。その基本的な性格は、専制君主（皇帝）を頂点とする国家が、「律令」の法体系に基づいて土地と人民を一元的に支配するという中央集権制である。

前述のように、中央集権の政治制度は紀元前3世紀において秦の始皇帝によって創始されたものであるが、618年に樹立した唐王朝の時代において、それはまさに「律令制」として再整備された。この政治制度の成り立つ基盤は「公地公民」を原則とする土地制度にある。国家はすべての田地を所有し、それを人民に均等に配分する。その代わりに、人民はその生産物の一部を税として国家に納め、さらに国家の課する雑徭《ぞうよう》・兵役などの労役に就く義務を負う。

そして国家が官僚集団を使って土地と人民を管理するために、官僚制度の整備も必要となってくる。それもまた律令制の重要な一部を成すものである。

日本の大和朝廷は、中国で整備された中央集権制的な律令制度の仕組みを、645年の大化の改新以来、積極的に導入し、日本に植え付けようとした。

まず、大化の改新で「公地公民制」の原則を打ち出した。従来、豪族たちが所有する私有地と私有民を廃し、国家の所有へ移行させようとした。これが実施されれば、すべての田地は国家の所有する「公地」となり、人民はすべて国家の支配する「公民」となる。

そして、「公地公民制」とセットで「班田収授法」が制定された。国家は所有する田地を「口分田」として人民に均等に支給する。その代わり「租庸調」と呼ばれる税を人民から徴収した。庸はさまざまな労役を人民に課するシステムである。また、地方支配の要となる行政機関として、各地方に国と郡を設置し、中央政府から任命された国司と郡司が行政権を行使することにした。

大和朝廷が日本で広げようとしたこのような政治システムは、まさに中国流の皇帝専制中央集権制度のコピーそのものである。こうした国家制度のデザインプランを法制化していくために、大和朝廷は大化の改新以来、中国の唐王朝を手本に律令の編纂《へんさん》に着手した。668年の「近江令」、689年の「飛鳥浄御原令《あすかきよみはらりよう》」という試作品を経て、701年にようやく「大宝律令」が施行され、さらに17年後の718年には「養老律令」が編纂された。これをもって、日本版の律令が完成したのである。

大和朝廷の最善の国防戦略

「近江令」制定以後の動きから見ると、国家体制の根幹に関わる律令制はほぼ20年ごとに改定され、公布されていることが分かる。じつに慌ただしいやり方であるが、大和朝廷がいかに律令制の整備を急いでいたかがうかがわれる。

なぜ、これほど急いだのだろうか。そもそも、当時の大和朝廷は一体どうして、それほど熱心に中国流の中央集権制を日本に移植しようとしたのだろうか。よく調べてみればじつは、それは当時の日本が直面していた国際情勢に起因すると思われる。

当時の日本を取り囲む国際情勢の最大の変化とはすなわち、618年に中国大陸であの巨大な唐王朝が成立したことであろう。史上最強といわれる大唐帝国を前に、朝鮮半島の諸国と日本は多大な脅威を感じざるを得なかった。とくに唐王朝は創立早々、朝鮮半島の高句麗征伐の準備に取りかかると、中国からの脅威はいよいよ現実的なものとなった。

645年の大化の改新は、まさにこのような国際情勢の下で行われたのである。緊迫した国際情勢に対処していくために、日本も軍事体制の強化と国家権力の集中を早急に図らなければならなかった。そして、中央集権を強化するためには律令制の導入が一番の早道である。

つまり、最強の大唐帝国に対抗していくために、その強さの根源となる律令制のシステムを拝借せよというのは、当時の大和朝廷にすれば最善の国防戦略だったのである。

大和朝廷が着々と政治制度の整備を進める中で、朝鮮半島を巡る国際情勢はますます険悪になってきた。日本と友好関係にあった百済《くだら》は唐王朝と新羅の連合軍によって滅ぼされ、668年には高句麗も滅ぼされた。その中で、滅亡した百済王家を復活させるため、日本は朝鮮半島に大軍を送って大唐帝国と対決したが、例の白村江《はくすきのえ》の戦いで唐・新羅連合軍に敗れた。この敗戦によって大和朝廷は存亡の危機に立たされた。いつ来るか分からない唐帝国の侵攻から国を守るために、国防体制の強化は何よりの急務となった。

律令の編纂と律令制の整備は、まさにこのような背景下で行われたものである。すべては、国防体制強化のためだった。白村江の敗戦から5年後、敗戦の当事者である天智天皇の手によって最初の律令「近江令」が制定されたことからも、このあたりの事情がよく分かる。

天智天皇の後を継いだ天武天皇も、「政ノ要ハ軍事ナリ」という言葉を残したほど軍事体制の整備に余念のなかった為政者である。その天武・持統朝の下で「班田収授法」は本格的に実施され、天皇を頂点とする中央集権国家の建設がいっそう早いスピードで進められた。

日本が律令制の導入を急いだ理由はこれで十分に理解できたであろう。つまり、唐帝国の出現によって戦乱に巻き込まれた朝鮮半島の国際情勢に対処するために、そして唐帝国の日本侵攻という潜在的な脅威から国を守るためには、日本は中央集権制を完備することによって国防体制の強化を図る以外になかった。まさに「政ノ要ハ軍事ナリ」である。

律令制をあっさり捨てる

以上のように、日本における律令制の導入は結局、緊迫した国際情勢への「緊急対策」の意味合いの強いものであることが分かった。だが、情勢が変われば、「緊急対策」の必要性も問われることになる。実際のところ、国家体制として整備された直後から、律令制は早くも形骸化への道を辿り始めた。

律令制の成立する基盤は、「公地公民制」の原則に基づく「班田収授法」の土地制度である。上述のように、645年の大化の改新で生み出された「班田収授法」は、天武・持統朝のころ、本格的に実施され、さらに718年の「養老律令」で完成した。

しかし大変面白いことに、それからわずか25年後の743年には「墾田永年私財法」が制定され、新しく開墾された田地に限って永久的な私有化が認められた。田地が不足している中、新たな開墾を奨励するための法整備であるが、「班田収授法」の大前提である「公地公民制」の原則は、打ち出されてから100年足らずであっさりと放棄されたのである。

そして「墾田永年私財法」が実施されるや、人々は皆、田地の開墾に励み、新たに「永年私財」にされる田地は増え続けた。旧来の「公地」に対する私有地の比重は高まる一方である。「公地」の存在を前提とする「公地公民制」が衰退していくのは、もはや時間の問題であった。

時の権力層である貴族や寺院も、こぞって田地の開墾に興味を示した。政治的権力を利用して広大な土地を開墾候補地として囲い込み、公民も使って開墾した。開墾された土地は当然私有地となり、ここに大土地所有者が出現する。彼らの所有地こそは、平安時代に発達する荘園制の始まりとなるのである。

班田法研究の基本的文献として評価の高い今宮新《いまみやしん》著『班田収授制の研究』（竜吟社、1944年）では、「班田収授制はだいたい延喜二年の班田令を最後として廃絶するに至る」と結論付けられている。

つまり、制定されてから二百数十年にして、律令制の土地制度は完全に消え去ったのである。

律令制の衰退は当然、土地制度に留まるものではない。「公地公民」が消滅すると、国家が「租庸調」の形で公民から直接に税を取るという税収体系も崩壊せざるを得ない。そして、税が取れなくては国家は成り立たない。大化の改新が目指した中央集権制の律令国家は当然、解体せざるを得なくなった。

こうした中で、律令制の政治制度にも大きな変化が見られた。律令制で定められた正式の官職以外の「令外《りょうげ》の官」が盛んに設けられるようになり、実質的な権力はそれら「令外の官」の手に移っていく。さらに、摂関政治の発達によって、政治中枢における権力構造の二元化現象が起こり、荘園という自前の経済基盤を持った貴族や地方の有力者たちが力をのばすことで、権力の分散化に拍車がかかった。律令制によって組み立てられた、天皇を頂点とする中央集権の政治システムは、ここに終焉を迎えたのである。

朝廷から幕府という新しい権力センターへ

律令制が消滅したのが10世紀の平安中期であることにも注目すべきであろう。日本における律令制の導入は、外部からの脅威に対応するために一時的に取られた「緊急対策」のようなものであると述べたが、じつはこの「外来の脅威」は平安中期に消えたのである。内乱により唐帝国は907年に滅亡した。上述の『班田収授制の研究』が指摘した延喜2年の「最後の班田令」の5年後のことである。

それ以後中国は「五代十国」の長い分裂時代に突入し、もはや外部に脅威を与える存在ではなくなった。外部からの脅威がなくなれば、その対応策としての律令制も歴史的役割を終えて消滅する運命にあった。

日本における律令制の導入は、結局そういうものだったのである。要するに日本の大和朝廷は、7世紀の唐帝国の出現とその対外侵略によって現実味を帯びた外来の脅威に対応し、国防体制を強化するために中国から律令制を導入して、一時避難的に中国流の中央集権国家を作り上げようとした。しかし10世紀、この脅威がなくなると、律令制の基盤である「公地公民」の土地制度の消滅に始まり、社会・政治体制としての律令制も消え去った。

そしてその結果、平安中期の10世紀以後は、日本は中華帝国とはまったく違った政治システムを作り上げていったのである。絶対的な主権者である皇帝を頂点とした中央集権制こそが中華流の政治システムの最大の特徴であるが、日本で定着していった政治制度はそれとまったく違っていた。

まず、律令制が消滅した後、日本の天皇の地位と役割は、中国の皇帝とはまったく異なったものとなった。

平安中期以前は、天皇は実際の権力者としても日本の政治の世界に君臨していた。大化の改新が目指した中央集権制の確立は当然、権力者としての天皇の地位の強化につながるものであった。

しかし、律令制が日本の風土に根ざせず、実質上消滅していったことに従って、天皇の地位にも当然大きな変化が起きた。

平安中期以後、朝廷の政治が「摂関政治」となったことは周知の通りであるが、その際、摂政であろうと関白であろうと、要は外戚や貴族の誰かが天皇に代わって政治権力を行使するシステムである。摂関政治の流行と定着は別の意味においては要するに、政治権力は天皇から剝離《はくり》されていくことであった。それ以来、天皇は徐々に政治権力の世界から遠ざかっていった。

そして平安の末期から武士が台頭して武家政権が誕生すると、政治権力はさらに、天皇の周辺から武士階層へと移っていった。鎌倉時代になって幕府が成立した暁《あかつき》には、日本の政治権力は完全に、天皇と天皇を戴く朝廷から、幕府という新しい権力センターへと移っていったのである。

それはもちろん、律令制崩壊の当然の結果である。「公地公民」が消滅して経済的基盤を失った朝廷と天皇は、依然として政治権力の中心であることはまずあり得ない。政治権力は、荘園を経済的土台にして独自の勢力を増してきた武士に移っていくしかない。

もちろんその中でも、天皇は依然として形骸化した律令制の名誉なる頂点には立っていた。鎌倉幕府にしても室町幕府にしても、将軍以下の武士たちは天皇から任命され、朝廷から官位を授かることになっているが、実際の権力は彼ら武士が握るようになった。

こうして見ると、律令制消滅後の一連の変化の中で、日本人は結局、中国流の中央集権制、すなわち皇帝という絶対なる権力者・主権者を頂点とした一元化の権力構造をあっさりと捨ててしまった。天皇はやはり中華流の皇帝にはならなかったし、日本は中国や朝鮮のような国にはならなかった。

「中華」ではなく「もう一つの西欧」

平安中期の日本が律令制を放棄したことは、それ以来の日本史上における天皇のあり方や権力構造の形を決定付けただけではない。じつはそれは、のちの江戸時代に至るまでの日本という国全体の仕組みの形成、あるいは日本文明の形成にも決定的な影響を与えた。

比較文明学者の梅棹忠夫《うめさおただお》氏が、有名な『文明の生態史観』において、日本文明と西欧文明との相似性を指摘している（梅棹忠夫著『文明の生態史観』中央公論社、1967年）。梅棹説によると、ユーラシア大陸の両端に位置する日本文明と西欧文明は、共に適度の降雨量と気温に恵まれた温帯に位置し、構造的にも非常に相似している。要するに日本は、じつはもう一つの「西欧」なのである。

日本文明と西欧文明との最大の類似点として、梅棹氏は、両方とも厳密な意味での封建制を持っていたことを挙げている。君主専制下での中央集権制を発達させた中国などの大陸文明との根本的な相違は、まさにこの点にあると梅棹氏は言う。

封建制と中央集権制はどう違うのか。それは、人民と土地支配の仕組みの相違である。中央集権制では、専制君主（たとえば皇帝）を頂点とする中央政府は人民と土地を一元的に直接支配するのに対して、封建制では、君主あるいは領主は多くの家臣に封土を与え、彼らを通じて土地と人民を「間接」的に支配する。

中央集権制は、日本が国家体制作りの一時的な手本とした中国の律令制度がその実例である。いわば「一君万民」の理想の下で、専制君主としての皇帝が官僚集団を手足として使って全国を直接統治する。一方、封建制は、日本の江戸時代の統治制度がその典型例である。将軍が藩主（大名）に封土を与え、藩主はさらにその家臣となる武士たちに家禄を与える。こうして、将軍↓藩主↓武士という段階的統治体制が出来上がり、すべての土地と人民を支配下に置く。将軍率いる幕府は、各藩領内の統治には直接関与せず、藩主に領内の統治権を委ねつつ、その藩主を号令することで間接的な政治支配を行なうのである。領内の年貢、すなわち租税は、中央政府としての幕府にではなく、藩主に納めることになる。

「将軍↓藩主↓武士」の上下関係を基軸に組み立てられたこの政治体制は、西欧の中世封建社会の骨組みとなる「国王↓諸侯↓騎士」と相似の関係に当たる典型的な封建制なのである。

日本文明の「ハードウェア」

日本における封建的政治体制の骨組みは、江戸時代になって初めて出来上がったわけではない。時代ごとに多少の違いがあるものの、鎌倉時代以後の幕府政治は、ずっとこのような仕組みで日本を統治してきた。そして、土地と人民を間接的に支配するという封建制の原型は、平安時代に発達した荘園制にあったというのが歴史学上の定説である。

すでに述べたように、荘園は私有地としての田地の開墾から始まったが、開墾された田地の所有者が名田《みょうでん》の持ち主である「名主《みょうしゅ》」となり、さらに多くの私有地（すなわち荘園）を所有することで「開発《かいほつ》領主」へと成長していく。そして開発領主たちは中央政府への納税から逃れるため、自らの荘園を中央貴族や寺院などの政治的特権者に寄進して「領家」とした。いわゆる「寄進型荘園」である。

しかし、荘園本来の所有者である開発領主は寄進後も荘園に留まり、現地管理者として「荘官」となる。彼らは荘園の田地と農民を管理し、農民から年貢を取り、労役を課した。年貢の一部は「領家」となった中央貴族や寺院に納めることになるが、その代わり、「領家」は政治力を駆使して開発領主のために荘園を守る義務を負っているとされる。

ここでのポイントは、中央政府はもとより、「領家」となった中央貴族や寺院も荘園を実際に支配しているわけではないことだ。本来の所有者である「開発領主」を通じて限定された「支配権」を間接的に及ぼしているに過ぎない、ということである。

土地と人民への間接支配という点からすれば、日本の封建制の原型はまさに平安時代にあったのである。そして、梅棹忠夫説に従って、封建制こそが日本文明最大の政治上の特徴であるとすれば、日本の文明は、まさに平安時代にその原型を作り出したことになる。それはまた、日本文明の形成期を平安時代とする上山春平《うえやましゅんぺい》説とも相通じるところである。

ここでわれわれは、日本文明の独自性を考える上で最も重要な一点に辿り着いた。中国から導入された日本の律令制は平安中期になって終焉を迎えるが、律令制崩壊の直接の原因は、「公地公民制」が荘園制の発達によって解体されたことにあった。

つまり「借り物」の律令制を消滅させた最大の推進力は荘園制の発達であるが、この荘園制の発達こそが、まさに日本文明の制度的特徴である封建制の原型となるのである。ここから、一つの結論を引き出すことができるだろう。

日本の社会・政治体制は、その本質において、中国文明から決定的な影響を受けて形成されたものではない。むしろその逆である。中国から導入した一時的な「借り物」としての律令制を消滅させることではじめて、封建制という日本文明の原型を整えた、ということである。

このようにして出来上がった日本の文明は、文明の「ハードウェア」である政治・社会制度の面においては、日本は中国・朝鮮流の皇帝・国王専制の中央集権制の国ではなく、西欧型の封建制社会となっていったのである。

いってみれば、飛鳥時代から平安時代にかけて、日本人はその文明作りの最も肝心な領域において、中華文明を積極的に摂取しながらもその一方においてはむしろ、中華文明の基本要素を拒否したり排除したりすることによって、「中華」とはまったく違った独自の文明を構築していった。

平安期においてその原型ができた日本文明が完成を見たのは、平安時代に次ぐ日本史上の2番目の安定期である江戸時代においてであるが、まさにこの江戸時代においてこそ、日本文明の独特な形は近代への道を切り開くための大いなる力として現れて、中華文明世界の中国と朝鮮とはまったく違う方向性へと日本の進路を決めることとなるのである。江戸時代における日本の文明・文化の全面開花と繁栄については、本書の第2章で詳しく記述することにする。

「天孫降臨」神話と中国の天命思想との根本的な違い

以上は、余談のような形で日本と中国・朝鮮半島との大いなる違いの一つを概観した。一時的に導入した中央集権の律令制を実質上放棄した日本は、やがて欧州と同様の封建制を築くことによって、中国や朝鮮半島とまったく異なる文明と文化の形を作り上げていったのである。それはまた、日本がアジアの中で一早く近代化に成功した理由の一つであるが、ここでは本章の本題に戻って、中央集権政治を放棄した日本が一体どうやって、中国・朝鮮が経験したような暴君政治の弊害と易姓革命の災難を免れたのかを見てみよう。

前述のように、中国における易姓革命の思想はそもそも、天命思想の論理的帰結の一つである。「天」が人間界の誰かに天下の統治権（すなわち天命）を託すのが天命思想の主旨であれば、「天」は当然、この誰かに託した統治権をいったん回収して別の誰かに託し直すこともできる。天命思想からは必然的に、易姓革命の思想が生まれてくるわけである。そして、易姓革命思想の元となる天命思想というものは前漢王朝の時代、中央集権の皇帝独裁政治の確立に伴って、それを正当化するために創り出された一種の政治イデオロギーである。天命思想とはまさに、中国皇帝の権威付けを図るために発明された一種の思想的装置である。

こうした中国流の天命思想に対して、日本は古来、天皇の権威をどうやって打ち立て、天皇の至高無上の地位を正当化してきたのか。それこそが本章の次なる問題である。

この話となると当然、日本人の誰もが「記紀」と呼ばれる『古事記』と『日本書紀』の成立を思い起こすであろう。時の天皇の主導下で編纂されたこの二つの書物は、神代の時代にさかのぼって天皇の地位の正当性を神話的かつ歴史的に説明するものであって、天皇の権威付けを意図していることは明らかである。

ここでまず注目すべきは、「記紀」の編纂された時代は、まさに前述において記した、日本の大和朝廷が国防上の危機に対処して中国流の中央集権制の導入と定着を急いだ時代ということである。『古事記』の編纂を臣下に指示し、それを主導したのは天武天皇であることは周知の通りであるが、この天武天皇こそ「政ノ要ハ軍事ナリ」という有名な言葉を発した当の本人、唐王朝からの軍事的脅威に対処して日本の国防体制を強化すべく、大化の改新以来の律令制や公地公民制の整備を急いだ為政者であった。公地公民の法整備である「班田収授法」が本格的に実施されたのも天武・持統朝であることは前述の通りである。

一方の『日本書紀』が成立したのは奈良時代の養老4年（720）と伝わっているが、その2年前の養老2年（718）に、日本の律令制度の骨格をなす「養老律令」が編纂された。時の天皇は天武天皇の孫に当たる元正天皇、日本における中央集権制整備の最中である。

こうして見ると、天皇の権威付けを図る「記紀」の編纂と成立は、大和朝廷による中央集権制の導入・整備と密接な関連性があることは明らかであろう。つまり大和朝廷は、天皇を頂点とした中央集権制の整備を急いでいるからこそ、この政治制度の要となる天皇自身の権威付けも急がなければならなかった。律令制の導入による中央集権制の整備と、「記紀」の編纂による天皇の地位の正当化はまさに表裏一体のものであって、ほぼ同時進行的に進められた。皇帝独裁の中央集権制を定着させるために天命思想を作り上げて皇帝の権威付けを図った前漢王朝の場合と歴史的類似性があるのである。

しかし大変興味深いことに、大和朝廷は「記紀」の編纂によって天皇の地位の正当化を図った時に、前漢王朝の天命思想をそのまま採用するのではなく、むしろそれとは異なる、まったく日本的な思想装置を生み出したのである。

この日本独特の天皇の地位の権威付けの装置とはすなわち「記紀」によって完成された、「天孫降臨」を中核とする一連の日本国誕生の神話である。

伊邪那岐《いざなぎ》と伊邪那美《いざなみ》の二神による国産《くにう》み・神生《かみう》みから始まる日本版『創世記』の神話は読者の皆様のよく知っているところなので、ここであえて説明する必要もないと思うが、本章の内容にとって重要なのはやはり「天孫降臨」の神話である。

日本神話の最高神である天照大神《あまてらすおおみかみ》の勅命を受け、大神の孫である瓊瓊杵尊《ににぎのみこと》は高天原《たかまがはら》から日向の高千穂峰《たかちほのみね》に降りてきて、葦原中国《あしはらのなかつくに》（すなわち日本列島）の統治を委ねられた。これは「天孫降臨」神話の骨子である。「記紀」によれば、その時瓊瓊杵尊は天照大神から、「葦原千五百秋瑞穂《あしはらのちいほあきみずほ》の国は、是、吾が子孫《うみのこ》の王《きみ》たるべき地《つち》なり。爾皇孫《なむぢすめみま》、就きて治《し》らせ。行矣《さきくませ》。宝祚《あまつひつぎ》之隆えまさむこと、当に天壌《あめつち》と窮《きはま》り無かるべし」という「天壌無窮《てんじょうむきゅう》の神勅《しんちょく》」を受け、葦原中国の統治者の印となる「三種の神器」を託されて降臨してきたという。

天孫・瓊瓊杵尊が最初に降臨して統治したのは今の九州の地であるが、やがて瓊瓊杵尊の曾孫《ひまご》、天照大神の五世孫に当たる磐余彦尊《いわれびこのみこと》は日向から東征を始めた。磐余彦尊の率いる東征部隊は瀬戸内海を通って難波に上陸し、さらに熊野から吉野を経て大和の地に攻め込んでそれを平定した。そこで磐余彦尊は橿原《かしはら》宮にて初代天皇として即位して神武天皇となり、日本国を創建されたという。そしてそれ以来二千六百八十数年、日本という国はずっと天照大神の子孫となる天皇によって治められて現在に至るのである。

「三種の神器」という実体を与える

以上は、日本国建国の神話であると同時に天皇の地位の源流に関する神話でもあるが、よく考えてみれば、天孫である瓊瓊杵尊は天照大神の神勅（すなわち勅命）によって葦原中国の統治を委任された、というこの神話の骨格は、「天子」が「天」の命を受けて天下の統治を任されるという中国の天命思想と類似している点に気がつく。

日本神話の「天孫」は中国の天命思想の中の「天子」と同様、国の統治権を別の尊い存在から委託されているからである。そして、このような委託を受けたことは、中国の天子が皇帝として天下万民を支配することの根拠であるのと同様、日本の天孫とその子孫たち（すなわち歴代天皇）の統治権の根拠はやはり瓊瓊杵尊の受けた勅命にあるのである。

大和朝廷は「記紀」の編纂をもって日本神話を作り上げた時、中国の天命思想をある程度、参考にしていたのではないか、と思われる。「記紀」編纂の前から中国の儒教思想と共に天命思想もすでに日本に伝わっていたに違いないから、「天」が「天子」に天下の支配権を委託するという中国的天命思想の考えはそのまま、「天孫降臨」の神話創出にヒントを与えたであろう。

しかし、それ以外の多くの面において「天孫降臨」の神話は中国の天命思想とは大いに異なっているのである。

まず中国の天命思想においては、「天」が天下の統治権を「天子」に委託したとはいっても、「天」というのは形も人格もない抽象的な存在であって、言葉を発することはない。だから中国の天命思想の創作においては、「天」は実際に「天子」に向かって天下の統治権を委託するような場面もなければ、そのような言葉を発した「記録」もない。「天」は、人間界が知る由もない神秘的なやり方で天子に「天命」を託しているようである。

しかしそれに対して、日本神話の「天孫降臨」の場合、天照大神ははっきりと自らの口から「葦原千五百秋瑞穂の国は、是、吾が子孫の王たるべき地なり」との神勅を発し、明確な言葉をもって天孫に下界の国の統治を託した。それと同時に天孫に「三種の神器」という実体のあるものを与え、葦原中国の統治の印としたのである。

文字通りの天孫

このような臨場感たっぷりで具体性の伴う描写を持つことこそ、中国の抽象的な天命思想とは違う日本の「天孫降臨」神話の特徴であるが、さらに、「天孫降臨」の神話と天命思想との間に一つ、それこそ決定的な意味を持つ重大な違いがあるのである。

その重大な違いとはすなわち、中国の天命思想の場合、「天」と「天子」の間に血統的な関係性がまったくないのに対し、日本神話の場合、天照大神は天孫瓊瓊杵尊の祖母であって天孫との間には、人間界でいうところの血統的なつながりのある点である。

それはそうであろう。中国の天命思想においては、「天」というのはそもそも抽象的で無人格的な存在であって、子孫を持つことは当然ない。だから、「天」は誰かを「天子」に選んで天下の統治権を委ねたとしても、この「天子」は本当の意味での「天の子」ではない。

たとえば前述の前漢王朝初代皇帝（すなわち天子）の劉邦の場合、彼は豊邑中陽里という田舎に住む農夫の劉公の三男坊ではあるが、「天の子供」であった試しはない。中国の場合の「天子」は、単に「天」から天下統治の命を受けた印として与えられた修辞的な称号にすぎない。

しかし「天孫降臨」の日本神話はそれと根本的に異なる。天照大神は決して抽象的で無人格な存在ではない。言葉を発することもできるし、目に見えるような姿も持っている。そして日本神話の中で、天照大神と素戔嗚尊《すさのおのみこと》との誓約《うけい》で天照大神の御統《みすまる》の玉《たま》から生まれたのは天忍穂耳尊《あめのおしほみみのみこと》という神様である。天照大神は本来、天忍穂耳尊を降臨させて葦原中国の統治を委ねようとしていたが、天忍穂耳尊が降臨の準備をしているうちに子が生まれることとなった。

そして、この子こそがすなわち瓊瓊杵尊。天照大神と天忍穂耳尊、天照大神と瓊瓊杵尊との間に人間界の生物学的な血縁関係があるかどうかは別として、少なくとも擬似的な血縁関係においてはその三者が血統的につながっており、天孫・瓊瓊杵尊は文字通りの天孫なのである。ちなみに瓊瓊杵尊は、天地開闢《かいびゃく》の時に高天原に現れた、「造化三神」のうちの高皇産霊尊《たかみむすひのみこと》を外祖父に持っているから、まさに天孫中の天孫である。同じように国の統治権を委ねられた存在であっても、天孫の瓊瓊杵尊は、田舎の農夫の倅《せがれ》である中国前漢の劉邦とはまったく別次元の存在なのである。

瓊瓊杵尊が天孫として天照大神と血統的につながっているのであれば、「神武東征」を行なって日本国を建国した神武天皇は瓊瓊杵尊の曾孫として当然、天照大神からの血統を受け継いでいる。そして建国以来、神武天皇を祖先とする歴代天皇も当然、天照大神の末裔として日本の最高神と血統的な継承関係にあるのである。

こうして見ると、日本の場合、最高神の天照大神と血統的につながっていることは歴代天皇が天皇である根拠であって、天皇の至高無上の地位と絶大な権威の拠り所になっている。天皇という存在の権威付けはこのようにして、「天孫降臨」を中核とした日本の神話によって完成された、ということである。

そして、天照大神と天孫との血統的継承関係を強調することで天皇の権威付けを図る、という日本的な正当化の論理は当然、日本の歴史を中国史とは別の方向へと導いていった。それはすなわち、日本の歴史を「易姓革命」の連続としてではなく、まさに「万世一系」の綿々たる歴史として作り上げていった、ということである。

易姓革命の思想を排除した日本人の知恵

以上のように、「天孫降臨」を中核とする日本神話においては、神武天皇以来すべての天皇が最高神の天照大神と血統的に（少なくとも擬似血統的に）つながっている。この血統的なつながりこそ、天皇の地位と権威の最大の根拠となっているが、じつはそこには、中国流の易姓革命の思想を最初から排除してしまうという論理的出発点が用意されているのである。

前述のように、中国の天命思想の場合、「天」はそもそも無人格的な存在で「天子」とは特別な関係にあるわけではない。天はいつの間にか、人間界の誰かを「天子」に選んで天下の支配を委ねたから、この人間界の「誰か」が「天子」となって天下万民を支配するのである。

だが「天」はそもそも、自らの選んだ「天子」とは切っても切れないような特別な関係にあるわけではない。だから「天」はいつでも、別の「誰か」を「天子」として選び直して天下の統治を委託することができる。「天子」が選び直されることはすなわち易姓革命だから、天命思想の中には易姓革命の思想が最初から内包されていて、易姓革命はむしろ、天命思想の必然的な理論的帰結である。

しかし「天孫降臨」を中核とする神話はそれとは全然違う。日本の神話においては、神武天皇以下の歴代天皇が天孫・瓊瓊杵尊を通して天照大神と血統的につながっており、日本の天皇は全員、天照大神の子孫なのである。すると天照大神は、神武天皇以来すべての天皇を子孫として持っているから、自らこのような関係を断つことは当然できない。子孫が先祖を選べないのと同様、先祖も子孫を選べないわけである。

したがって当然のこと、中国の場合の「天」は、今の「天子」以外の「誰か」を「天子」として選び直すことはできるが、天照大神はそれができないし、する必要もない。天照大神は、自分の血統を継承した天皇の系譜以外で別の「誰か」を天皇として選ぶようなことはまずない。

つまり、神武天皇以来の歴代天皇は、神話において天照大神と血統的なつながりを持っている以上、その天皇としての地位と権威は自ずと保証されているのであって、その血統以外の誰かに取って代わられる心配もない。

その一方、天皇の地位が天照大神との血統的なつながりによって保証される日本神話の場合、成立して定着した以上、この血統的な継承関係以外の日本人は誰であれ、天皇になろうとは思わないし、なれるわけもない。日本の歴史上、足利義満であれ織田信長であれ徳川家康であれ、時の権力者がどれほどの権勢を誇ったとしても天皇にならず、むしろ朝廷から官位をもらって天皇の家臣の立場に甘んじたのはその故である。皇位が一つの血統から別の血統へと移されるという中国流の易姓革命は、日本の歴史上で起きてくる余地は最初からない。

前述のように、日本の大和朝廷が「記紀」の編纂をもって天皇の地位の正当化を図る時に、中国の天命思想を参考した可能性は十分にあると思う。「天孫降臨」の神話が天命思想と構造的に似ている点があることはその証拠である。

しかし、じつに興味深いことであるが、その時の日本人は天命思想を一つの参考にしながらも、天命思想の中の易姓革命の思想的要素を完全に拒否したのである。そこから誕生した「天孫降臨」の神話は、天照大神と天孫との血統的な継承関係を成立させることによって、易姓革命の論理的可能性を完全に排除した。

そして「記紀」誕生以来の日本の歴史を見てみれば、神話の創出に当たって、中国の天命思想を参考にしておきながら同じ中国伝来の易姓革命の思想を排除したのは、まさに日本人ならではの大きな知恵である。

「思想的ウイルス」への感染から日本を守った

易姓革命思想の排除によって、日本という国は建国以来ずっと天皇を最高の地位に戴く「万世一系」の国である。こうした中で、日本の歴史はある意味での継続性を保つことができ、政治権力の交代が幾たびあったとしても、それに伴う社会秩序の大混乱や戦乱を最小限に留めることができた。

大和朝廷の成立以後、日本で起きた政権交代の戦乱といえば、権力が平安王朝から鎌倉幕府に移った時の治承《じしょう》・寿永《じゅえい》の乱、鎌倉幕府の滅亡を告げた元弘《げんこう》の乱、応仁の乱から始まった戦国時代、そして江戸時代末期の幕末維新、数えて4回ほどあった。もちろんそれは、秦王朝の成立以来十数回以上も繰り返された中国の「易姓革命の乱」の比ではない。日本はじつは歴史上、戦乱が少ない国の一つである。

その一方、戦国時代を除いたら日本史上の戦乱の時期は一概に短い。たとえば「源平合戦」と呼ばれる治承・寿永の乱の場合、乱は治承4年（1180）から始まって、寿永4年（1185）の壇ノ浦の合戦をもってほぼ収束したが、戦乱の時期は6年足らずでしかなかった。中国の場合、王朝の交代に伴う戦乱といえば、短い場合は十数年、長い場合は100年以上も続くケースもあった。

さらにいえば中国の場合、易姓革命の発生は往々にして皇帝を頂点とする社会秩序の完全崩壊を意味するものであって、何もかも一度完全に破壊された上で新しい王朝を立てることになるから、経済や文化、社会基盤や人々の生活基盤に対する破壊の酷さは半端ではない。

たとえば黄巾《こうきん》の乱から始まった後漢王朝の崩壊と新王朝成立までの100年間で、中国大陸の総人口は4分の1に激減したことは戦乱の破壊力の大きさを示す実例の一つである。

日本の場合、政治権力の所在は朝廷から幕府、あるいは鎌倉幕府から室町幕府に移る時には多少の戦乱も当然起きてしまうが、その際、政治権力の交代が「王朝の交代」ではないから、天皇を頂点とした社会秩序全体の崩壊は起こらないし、何もかも破壊されてしまうようなこともない。日本の歴史は僥倖《ぎょうこう》にも、中国大陸がかつて経験したような易姓革命の苦難の連続から免れたわけである。

易姓革命の思想と実践への拒否はまた、中国流の皇帝独裁の暴政がこの日本で猛威を振るうようなことを避けることとなった。本章の前半で詳しく述べたように、中国の場合、易姓革命が起きるたびに新王朝が成立し、中央集権的な皇帝独裁政治が再建されて、どこかの一族が天下国家を私物化して暴政と圧政の限りを尽くしていくことになる。

だが日本の場合、天皇による権力の独占はほとんどなく、時代が下るのに従って天皇という地位はむしろ政治権力から遠ざかっていくから、中国流の皇帝独裁政治がこの日本で成立した試しはない。その一方、易姓革命が排除されて天皇はずっと政治秩序の頂点に立つ象徴的存在であり続けるから、日本の歴史上、どれほどの強い政治権力が成立したとしても、その頂点に立つ権力者が天皇にはまずなれないし、中国の皇帝のような存在にもなれない。信長にしても秀吉にしても徳川将軍にしても、天皇を戴く日本伝統の秩序においては全員が朝廷から官位をもらう天皇の家来の立場であるから、誰一人としても独裁君主としての暴政を振るうことはできない。つまり、易姓革命とは無縁の万世一系の天皇のあり方そのものが、独裁・暴政の存在する可能性をこの日本から排除したわけである。

こうして見ると、歴史上の日本は、少なくとも中国と比べたら、じつに戦乱と暴政の少ない穏やかな国であることはよく分かるが、こうなった理由の一つは、やはり古代日本人の大いなる知恵である。急場凌《しの》ぎのために一時的に導入した中央集権制を自ら放棄した一方、「記紀」の日本神話を創出することによって中国流の天命思想と易姓革命の思想を拒否した日本の知恵は、それらの「思想的ウイルス」への感染から日本を守ることになったのである。

第2章

科挙制度を拒否した日本
——江戸時代の文化繁栄と近代化の鼓動

科挙制度の生い立ちと概略

前章では、秦の始皇帝によって創建された皇帝独裁の中央集権制のあり方を概観した。そして秦の始皇帝以来、皇帝独裁の中央集権制が中国大陸の政治体制の基本となっていることも理解できた。中国の長い歴史においては、歴代王朝の中央集権制の形にそれぞれの違いがあるものの、その基本はあまり変わらない。天下の唯一の主であり、唯一の主権者である皇帝が全国の土地と人民に対する支配権を持ち、中央と各地方の官僚たちが皇帝の手足となって全国の土地と人民を統治する、というような支配体制はまさに皇帝独裁の中央集権制の骨格である。

その中で、いわば「一君万民」の原理の下、支配者としての皇帝・官僚と、支配されるものとしての人民という二つの階層がはっきりと区分されているのが、歴代王朝における中国社会の現実だったのである。

そこで出てきた重要問題の一つはすなわち、皇帝の手足として土地と人民を統治し、中央集権制を根底から支える官僚はどうやって選ばれるのか、である。中央集権制の下、皇帝は唯一の支配者・主権者ではあるが、皇帝一人では何もできない。どのようにして天下万民から優秀な人材を選び出して官僚として使うのかは、皇帝と国家全体にとっての大問題なのである。

中央集権制を創建した秦の始皇帝の場合、自分の天下統一の戦争に貢献した人たちをそのまま官僚に任命すればよかったが、秦王朝の後を継いだ漢王朝の時代、天下泰平が続いて戦争もなくなれば、平時の官僚をいかに選抜するのかは大きな政治的課題となった。

そこで、前章にも登場した前漢王朝の武帝という皇帝は「挙孝廉」と称される官僚選抜の制度を作った。全国の各地方で、親孝行を力行する清廉潔白な青年を、地元の推薦や上からの査定に基づいて定期的に選び出して官僚として育てていく制度である。

このような官僚選抜制度は前漢・後漢の時代にわたって長く機能していたが、やがてその弊害も出てきた。「親孝行」や「清廉潔白」を条件に官僚となる人材を選抜する際、その肝心の「親孝行」と「清廉潔白」には客観的な基準がないからである。結果的にはそこから情実が生じてきて、「親孝行」でも「清廉潔白」でも何でもないような人間が選ばれてしまうことが往々にあった。

そこで、時代がさらに下って隋王朝（581～618年）になると、中国史上画期的な官僚選抜制度である「科挙制度」が発明された。

「郷試」「州試」→「省試」「殿試」へ

科挙とは要するに、ペーパーテストを中心とした試験によって官僚を選抜する制度である。6世紀に隋王朝によって創設されて清王朝（1616〜1912年）末期の1904年まで、科挙制度が長きにわたって中国の官僚選抜制度の骨格となった。王朝ごとにさまざまな変化もあったが、科挙制度は下記のような仕組みである。

まず中央政府の統一指揮下で、数年ごとに全国の各行政区でいっせいに「郷試」あるいは「州試」と呼ばれる地方試験を実行し、そこから選ばれた合格者をさらに首都に集めて「省試」と称する統一試験を受けさせる。そして、郷試と省試の合格者はそれぞれ、地方と中央の官僚候補として選ばれるが、省試に合格した者はさらに皇帝による直接試験としての「殿試」を受けることになる。一度「殿試」を受けた者は序列に関係なく、まさにエリート官僚の中のエリートとして出世するのである。

ペーパーテストを中心としたこのような試験制度では、受験者が出された問題を解答用紙で解答して、試験官が本人の名前も知らずに解答用紙を採点するシステムとなっているから、試験の客観性が保証され、情実は概ね排除されている。

しかも、原則的に男子であれば、出自や身分を問わず誰でも受験する権利があるから、ペーパーテストでいい点数を取れれば、誰にでも官僚になるチャンスがある。そういう意味では科挙制度は非常に開放的であって、合理的な試験制度であるといえる。

だからこそ、科挙制度は発明されるとすぐに定着してしまい、それ以後は度重なる王朝交代の中でも根強く存続してきた。１９０４年に廃止されるまで、約１３００年にわたって中国の官僚選抜制度の根幹を成していたのである。

「孝行」が官僚選抜の基準

科挙制度の肝心の試験内容はどうなっているのか。じつはそこにも、前漢時代以来の「挙孝廉」との連続性があった。前漢時代の「挙孝廉」は「親孝行の力行」を官僚に選ぶ基準の一つにしていることは前述の通りだが、そこに出てくるのは当然「儒教」である。

中国の春秋戦国時代、思想と文化が大変繁栄したという「諸子百家」の時代があった。儒教の元となる儒学の思想は、まさにその時に「諸子百家」の中の一家として誕生した。「仁・義・礼・智・信」などの道徳の項目を重んじる一種の道徳哲学であるが、その中では親に対する孝行がとくに重要視されていて、「孝」こそが人間社会の成り立つ基本だと考えられていた。

そして前漢の時代、前述の武帝の主導下で、儒教が理論的体系を整えて教学として成立するのと同時に朝廷によって「国教」的な地位を与えられ、王朝の御用イデオロギーとして支配的地位を確立した。それ以来、儒教はずっと中国の政治を支配する思想となってきた。

だからこそ、漢の武帝は「挙孝廉」の制度を制定した際に儒教の重要徳目である「孝行」を官僚選抜の基準の一つにした。そして隋の時代、科挙制度が確立した時、「孝行」だけでなく、儒教の思想全般は試験内容の中心的項目となった。それ以来、中国の歴代王朝において、儒教の教典と思想をきちんと学んで深く理解していることが、官僚選抜の最重要な基準となったのである。

「四書五経」が科目に

時代がさらに下って南宋王朝（1127～1279年）で儒教原理主義として生まれた朱子学は徐々に御用学問としての地位を確立していった。明王朝（1368～1644年）の時代になると、科挙試験の主な項目に、朱子学が最も推奨する儒教教典の「四書五経」が登場してきた。この「四書五経」を十分に熟読し理解しているかどうかは、明と清の二つの時代において優秀な人材を官僚に選ぶ際の決め手となっていたのである。

以上が、中国における科挙制度の生い立ちと概略であるが、一見、開放的であって合理的な官僚選抜制度の科挙制度は、じつは創立された時点から多くの問題点と弊害を抱えていた。そして科挙制度はやがて、中国人から創造性や合理的な思考を奪い、中国の文明・文化そのものを駄目にする「中華ウイルス」の一つとなっていった。

「科挙に合格せよ、官僚になろう」

前述のように、科挙制度というのは社会のすべての階層に受験資格を与えるという非常に開放性の高い官僚選抜制度ではあるが、じつは科挙制度の大いなる弊害の一つも、まさにその開放性に由来するのである。

中央集権制の下では当然のこと、皇帝の全国支配の手足として働く官僚はいずれも支配者層であって権力者である。名目上、皇帝こそ唯一の支配者ではあるが、皇帝一人で国を支配することはできないから、結局のところ、官僚たちは皇帝の支配権を分有して大変な権力を手に入れている。とくに近代以前の時代、通信手段はまったく未発達であったから、皇帝の命令はいちいち地方に伝えるのが難しく、遠い地方へ行けば官僚たちの権限が絶対のものとなって、官僚が事実上、民たちにとって直接の支配者となっていた。

こうした中で官僚の手中の権力は、彼らに地位と名誉を与えるだけでなく、莫大な経済的利益をもたらしてくれる。中国伝統の贈収賄文化の下では、官僚の持つ権力はすなわち金づるであって、官僚になることは金持ちになるための一番の近道である。

そして科挙制度下では、官僚になるためにはまず科挙試験を受験して合格しなければならない。官僚になって地位と名誉と富を手に入れたいと思う若者たちは当然、科挙試験を志向する。そして前述のように、科挙試験は基本的に社会のすべての階層に開放している。そこから起きてくる社会現象の一つはすなわち、官僚の子弟であろうと商人の倅であろうと富裕な農家の息子であろうと、あらゆる階層の優秀な青年は皆、科挙試験の狭き門に殺到する、ということである。

清王朝の時代、3年ごとに行われる科挙試験の第一の関門である地方の郷試では、一度の試験に全国で十数万人以上の若者たちが受験することとなっているから、当時の人口比率からすれば、一定の年齢層の「知識青年」のほとんどすべてが試験に殺到していたと推測できよう。

その際、たとえば商家出身の青年は、政治権力から家を守るためにも自分自身が官僚となる以外に道はないし、一般庶民出身の青年が自らの運命を変えて一族の地位を上げるためには、なおさら官僚となる以外にない。「科挙に合格せよ、官僚になろう」というのは結局、優秀な青年たち自身と彼らの家族の悲願であり、青雲の志を抱く者たちの人生最大の目標となるのである。

知識構造と思考回路が同じ人間を量産

しかし科挙試験に合格するためには、子供の時から膨大な儒教の経典をいちいち暗記して習得しなければならない。

日本の中国史の大家・宮崎市定《いちさだ》氏の記述によると、科挙試験のために習得（すなわち暗記）しなければならない経典の文字数は43万字にも上るという。歴代王朝では、科挙試験に合格した時の平均年齢は30歳から36歳であるから、その意味するところはすなわち、科挙制度の作り出した受験社会において、一人の人間が幼いころから30代前半にかけて儒教経典の暗記を中心とする勉学に心身のすべてを捧げている。そこから生み出された人間はもはや、儒教の経典以外に何も知らない「受験馬鹿」でしかない。

ある特別な階層の青年たちだけがこのような受験馬鹿となっていたらそれはまたいいかも

しれない。問題は前述のように、科挙制度の開放性ゆえに、ほとんどすべての階層出身の優秀な若者、優れた頭脳のほとんどすべてが科挙試験を目指して「受験馬鹿」となっていくことにあろう。

しかも、科挙試験を目指す各階層の優秀な青年たちが、少年時代から30代にかけて勉学したものはまったく同様の儒教経典である。その意味するところは要するに、各階層の知識青年の知識構造はまったく同じものであって、多様性はほとんどない。また彼らの思考回路と考え方が、同じく儒教的なものであることはいうまでもない。

つまり科挙制度は、中国の知識の世界からあらゆる多様性と個性を排除して、まったく同じ知識構造と思考回路の人間たちを量産していくこととなったのである。このような社会では、知識人といえばすなわち科挙試験の受験者と科挙試験の合格者の官僚、知識や学問といえばすなわち彼らの頭に詰め込まれた43万文字の儒教経典。それ以外は、ほとんど何もない。

もちろん、このような社会からは知的創造性を期待することもできないし、幅の広い知的活動が生まれてくることも当然ない。つまり科挙制度下の1300年間、中国の知の世界はほぼ完全に窒息死していて、創造性というものが失われていたのである。

さらに問題となるのは、科挙制度の成立以後、中国の知識人たちが学問として一律に覚えている儒教経典というのが全部、紀元前に生まれたものである点だ。儒教思想の骨格が出来上がったのは春秋戦国時代であって、それが理論的に体系化されて教学として整備されたのは前漢王朝の武帝の時代である。

その中で、後世の儒学者によって儒教の始祖に祭り上げられた孔子が生きたのは紀元前6世紀半ばから5世紀前半、儒教思想の本当の創始者である孟子が生きたのは紀元前4世紀前半から3世紀前半。そして前漢の武帝の下で儒教が体系化して「国教」としての地位を確立したのは紀元前136年前後である。

つまり隋王朝時代の587年に科挙制度が創立された時、その中心的な試験内容となる儒教の思想と経典は概ね1000年前に生み出されて、そして七百数十年も前に体系化されたという年代物である。そして科挙制度が成立してからの1300年間、中国の歴代知識人および優秀な青年たちはずっと、それらの紀元前生まれの陳腐な思想や教学を金科玉条として信奉し、その経典を丸ごと暗記した上で自分自身の思考回路と知識構造の基本にしていたわけである。

その意味するところは、要するに科挙制度成立後の1300年間、中国人の思想と知識はたんに紀元前に生まれた年代物の重複再生産を繰り返しただけのものであって、そこからいかなる思想と知識の創造が生まれることもなければ、思想と知の領域においてはいかなる進歩も生まれてはこなかった。

1300年間の知的窒息状態

前述のように、南宋の時代に朱子学というものが生み出されて、それは一見学問上の進化であるかのように見えなくもない。しかし、朱子学もしょせん儒教の一種の亜流・変異株であって、学問上の創造であるとはいえない。朱子学が科挙のための経典として定めた「四書五経」も全部、紀元前に成立した経典なのである。

結局、科挙制度の下で中国の知識人と知識層の予備軍となる知識青年たちが終始一貫、文字通りに「馬鹿の一つ覚え」として暗記して勉学しているのが儒教というものである。その意味するところは要するに、587年から1904年までの約1300年間、中国人にとっての思想と知識にはほとんど何の変化もなければ何の進化ももたらさなかったという事実である。1300年前の一人の中国知識人の思想と知識構造は、1300年後に生きる人のそれとはほとんど変わらない、という世界史上の「奇跡」が起きたのである。

いってみれば、科挙制度が成立してからの１３００年間、中国の知的世界には窒息と停滞があっても創造と進化はない。１３００年間において同じ思考回路と知識構造を持つ受験馬鹿が繰り返し量産され続けてはきたが、知的窒息状態の中からは多様性も創造性も生まれてこないし、進歩と進化も生まれてこない。これこそが、科挙制度下の中国の絶望的な知的状況だったのである。

論理的思考と科学の精神が育たない

以上、中国独特の科挙制度の下では、１３００年の長い歳月において知的創造と進化の可能性がほぼ完全に奪われてきたことを概観した。じつは、儒教思想とセットになった科挙制度が、近代以前の中国の知的状況にもたらしたもう一つの大きな弊害がある。すなわち、科挙制度の下では歴代知識人に「論理的思考」の能力がまったく育たずに、そこから近代科学的な精神と発想もまったく生まれてこない、ということである。

それは、科挙制度下の中国知識人（すなわち読書人）の知識構造を見ればすぐに分かることである。

前述のように、科挙制度下では、中国の優秀なる少年・青年のほとんどが合格を目指して長年、受験勉強に明け暮れる。だが、彼らの受ける科挙試験の中心内容は何かといえば当然、儒教の経典と思想である。

たとえば中国の明・清王朝において、科挙試験の試験項目にはまず、儒教経典の「四書五経」の暗記がある。「四書五経」とは、『論語』『孟子』『大学』『中庸』からなる「四書」と、『易経』『書経』『春秋』『礼記』『詩経』からなる「五経」の総称である。

その中で、『論語』は儒教の第一の聖人とされた孔子が弟子たちに語った言葉の数々である。『孟子』は儒教のもう一人の「先聖」である孟子の文集であるが、それも『論語』と同様、孟子の語り言葉を記録したものである。『大学』と『中庸』は、五経の一つである『礼記』から一部内容を抜粋して編集された書物で、儒教の基本理念を簡潔に記している。

そして「五経」となると、『易経』とは占いの書物であり、『礼記』とは礼儀作法の指南書であり、『書経』と『春秋』は歴史書であり、そして『詩経』はその名の通り、古代から伝来した詩と歌を集めて編纂したものである。

「四書五経」全体の文字数は43万字であるから、科挙試験の受験者たちはそれを全文暗記しただけで頭が満杯となることは想像できる。科挙制度下の中国の知識人層の知識構造の中核をなすのはまさにこの43万文字である。

さらに「作詩」も科挙試験の項目の一つであるから、受験者たちは文学を研鑽《けんさん》して詩を上達させなければならない。また「読書人」の理想として、琴・棋・書・画の才能も求められており、この四つの文芸に磨きをかけることも彼らの仕事である。

儒教経典と作詩と「四芸」は、まさに中国伝統知識人の知識と教養のすべてとなっている。その中で作詩と「四芸」が、いわゆる「科学の精神」と無関係であることはいうまでもない。中国の読書人と同様、朝鮮の両班《ヤンバン》もほぼ同じような知識と教養を持つ人々である。

実証のない「巧言令色、鮮なし仁」

それでは、読書人や両班の知識と教養の中核となる「四書五経」は「論理的思考」や「科学の精神」と何か関係があるのかというと、じつはこの「四書五経」こそ、「論理的思考」と「科学の精神」が入り込む余地のない「没論理・没科学」の世界なのである。

筆者自身は、この「四書五経」の暗記は当然無理であるが、内容はいずれも一、二度読んだことがある。その中の『論語』となると、それこそ何十回も熟読したことがある。

そして、この「四書五経」の世界を一度見てみればすぐに分かるのだが、まずそこには、「科学の精神」の基本となる「論理的思考」がほとんど見当たらない、ということである。

たとえば「四書五経」の筆頭であり、「儒教のバイブル」ともいうべき『論語』を例に挙げてみよう。前述のように『論語』というのはそもそも、孔子という思想家が自分の弟子たちに語った言葉の数々を、あとになって集めて編纂された1冊の「発言集」である。孔子が別々の時間と場所で、異なった相手に対して発したさまざまな言葉の集まりであるから、『論語』という書物自体は論理的に整合された1冊の理論書でもなければ、さまざまな問題を論理的に考察したりするような論文集でもない。極端にいえば、『論語』というのは要するに、孔子という人間がその場その場で発した一連の格言や感想を書き集めたものなのである。

たとえば、「仁」という概念こそ儒教と『論語』の中心的概念であるが、しかし『論語』において、孔子は「仁」とは何かについて、それを厳密に定義したこともなければ、筋を立てて「仁」の内容について論じたことも一度もない。

それでは孔子は「仁」をどう語っているのか。たとえば「論語・学而編《がくじ》」には、下記の孔子の言葉がある。

「子の曰く、巧言令色、鮮《すく》なし仁」

そして「論語・顔淵《がんえん》」では、孔子は「仁」についてこう語ったこともある。

「樊遅《はんち》、仁を問う。子の曰わく、人を愛す」

以上、孔子が「仁」について語った二つの有名な言葉である。前者では孔子は「巧みな言葉を用い、表情を取り繕って人に気に入られようとする者には、仁の心が欠けている」と、要するに「仁ではないのはどういうことか」について語り、後者では逆に「人を愛することはすなわち仁」といって、「仁とは何か」について正面から語った。

しかしここでは、「巧言令色、鮮なし仁」にしても、「仁は人を愛すること」にしても、どうして「巧言令色」の人に「仁の心が欠けている」のか、どうして「人を愛することはすなわち仁なのか」について、孔子からその理由や根拠についての解説はいっさいなく、ましてや論理的実証や論証はまったくうかがえない。孔子はただ、その時その時の思いつきで、「仁とは何か」「仁ではないのは何か」を断言するように語っただけである。

おそらく孔子からすれば、ここで弟子たちに語っているのは自分の人生の経験や思考から得た悟りのようなものだから、「論証」する必要もなければ、そもそも実証できるものでもない。いわば禅問答のような「以心伝心」の世界なのである。

「論理的思考法」ならぬ「論語思考法」

もちろん、それをその場で聞いた弟子たちはもとより、われわれ現代人にしても、これらの格言を読んで「なるほど」と頷《うなず》けることは多い。だからこそ『論語』という書物は時代と国境を越えて、今の日本でも広く読まれて多くの人々に人生の啓発を与えている。つまり『論語』自体は、一種の人生の啓発書としてはそれなりの意味がある。

しかし問題は、近代以前の中国の１３００年間の歴史において、この国のエリート知識人のほぼ全員はこの『論語』という書物を「第一の聖書」だと拝みながら、その全内容を丸ごと暗記して、その思想的内容を自分たちの思考と知識の中核に据えてきた点である。

その結果、中国伝統の知識人である読書人はこの『論語』の思考法を自分自身の思考法として取り入れ、『論語』のように考え、『論語』のように語り、『論語』のように振る舞っていたのである。それでは彼らの知的世界には当然、論理的思考たるものはいっさい要らなくなってしまう。彼らはただ、「仁」とは何か、「義」とは何かについて、一言二言で断言的に語っていれば、それで十分なのである。
「論理的思考法」ならぬ、このような「論語思考法」になじんだ彼らの頭脳からは当然、物事を論理的に、あるいは実証的に考えるような「科学の精神」は生まれてこない。彼らにとって、そんな面倒なものは何の意味もないのである。

それと同時に、中国と朝鮮の知識人層が規範としている儒教の思想、あるいは「中華」の学問の伝統においては、「自然に対する好奇心」、「自然への考察」も決定的に欠如していた。

前述のように、古代中国の春秋戦国時代は、いわば「諸子百家」の時代があって、「百家」と称されるようにさまざまな学問が繁栄していた。当時、儒教の前身である儒家をはじめ、法による統制を強調する「法家」、「兼愛」の思想を唱える「墨家」、「無為自然」を説く「道家」、兵法を専門とする「兵家」などさまざまな思想や学問の流派を輩出していたが、その中には、いくら探しても、古代ギリシャの「自然哲学」に相当するような学問や思想はまったく見当たらない。中国古代の思想家たちの関心はもっぱら政治や軍事、そして道徳論や人生論などの「人間論」に集中していて、「自然万物」や宇宙などに対しては、誰も好奇心の一つも抱かなかった。

もちろん儒教そのものがこのような「自然に無関心」な学問の代表格の一つであり、『論語』を上から読んでも下から読んでも、「自然の謎」などについて語った箇所は一つもない。そして前漢王朝の時代以来、儒教が支配的イデオロギーとなって隋王朝から科挙制度が実施されると、この国の知識人という知識人は「自然の探求」などにまったく無関心となっていたことはいうまでもない。いくら「自然の探求」をやっても、科挙試験の何の助けにもならないからだ。

以上のように、儒教を支配的なイデオロギーとする科挙制度下の中国では、いわば「論理的思考」と「科学の精神」がまったく育たないことがよく分かる。このような知的土壌からは当然、近代的学問体系が生まれてこないし、自然科学が発祥してくることはない。

そしてその意味するところはすなわち、中国の知的世界と中国社会はいつまで経っても「伝統」の壁を突き抜けて「近代」へと進化していくことはできない、ということである。

「文明の後進地域」西洋でなぜ近代科学が生まれ育ったのか

上述のような中国の絶望的な知の停滞に対して、自然科学を中核とする近代的学問体系を発展させて人類史に「近代」の光をもたらしたのは、いうまでもなく中国的科挙制度とはまったく無縁の西洋の世界である。

今の日本でもインドでもあるいは中国でも、数学や物理学や化学や生物学などの自然科学は義務教育の重要内容となっているが、それらの自然科学の基本理論と体系はほとんど例外なく、西欧の世界で誕生して確立したものである。近代科学の生みの親となるのはたいてい西欧の人々であり、彼らの多くはじつはイギリス人で、産業革命以前のイギリスで活躍していた人たちである。

たとえば「近代生理学の祖」と評されるハーヴェイは１６５７年に没したイギリス人で、「ボイルの法則」を発見して「近代化学の祖」と呼ばれるボイルもまた１６２７年生まれのイギリス人である。そして万有引力の法則の発見者、ニュートン力学と微分積分学の生みの親として近代物理学と数学の基礎を作ったニュートンも、１６４２年生まれのイギリス人である。

科学者を生んだのはイギリスだけではない。「近代天文学の祖」と知られて、惑星運行の法則を確立して地動説を数学的に証明したドイツ人のケプラーや、ボイルと同じく「近代化学の祖」と呼ばれて、質量不変の法則を発見して燃焼理論を確立したフランス人のラヴォワジェ等々、西欧各国に生まれて活躍した近代科学の創始者たちが多数いる。

上述のイギリス人や西欧各国人の科学者たちが作り上げた近代科学という学問的土壌にお

いてこそ、産業革命の発端となるさまざまな技術発明が芽生えて開花した。科学は技術の生みの親であり、そして技術の開発と実用は産業革命の原動力となった。

ここに出てくる問題とはすなわち、文明化の歴史がはるかに長い中国ではなく、中国からすればむしろ「文明の後進地域」の西洋において近代科学が生まれ育ったのは一体なぜなのか、ということになる。歴史を一度調べてみれば、その理由はすぐ分かってくる。イギリスやフランスを中心とした西欧の世界において、近代科学と技術の芽生えと発展に必要な人間の精神と態度が育まれたことは、近代科学がこの地域において生まれたことの最大の原因である、と思われる。

それはまず、人間の自然に対する強い関心と好奇心である。その際、自然を神であるかのように「崇拝」するのではなく、自然万物を客観的な対象として捉えて、自然の隠された秘密や法則に対して強い好奇心を持つことは肝要だ。

自然万物に強い好奇心を持つと、次には当然、自然に対する探求が始まる。その際、人間の迷信や独断をもって自然の探求に当たっても何の結果も出てこない。自然の秘密や法則を解明していくのには、自然現象に対する実験的な考察と、厳密な帰納法による法則の抽出、そして法則を万物に適用させていく演繹法の適用が必要となってくる。つまり、実験的な研究態度と、帰納法や演繹法を中心とした「論理的思考」こそが、自然科学を生み出すに至る「人間の精神と態度」の中核なのである。

奇しくも、まさに近代科学の発祥の地となった西欧の世界において、合理的思考や実験を重んじる態度を唱える哲学や思想が一足先に生まれて育ってきたのである。

たとえばボイルやニュートンなどの「近代科学の祖」を生み出したイギリスでは、それらの「科学の祖」が活躍する一世代前から、観察・実験による知の獲得を提唱して「知は力なり」の名言を吐いたベーコンや、『人間悟性論』を著してベーコンと同様に経験による知識獲得の重要性を強調したロックなどの哲学者が生まれた。彼らが中心となって「イギリス経験論」を育てた。

それと同時に、大陸のフランスやドイツでは、デカルトやライプニッツなどの哲学者は人間の理性と合理的思考の重要性を唱えて、いわゆる「大陸合理論」を発達させた。イギリス経験論と大陸の合理論の結合から生まれたのは、まさに科学を育むのに必要な実証的考察の態度と合理的思考力であり、いわば「科学の精神」そのものである。

このような「科学の精神」があるからこそ、西欧の世界において近代科学が生まれ育ち、そして近代科学という土壌において技術が発達して発明が行われた。その結果、前述の産業革命が起きて、人類の文明を農業文明から近代工業文明へと変えていくのである。つまり、一つの国あるいは地域において、自然に対する好奇心から発するところの自然への実証的考察と論理的思考などからなる「科学の精神」が生まれて発達してくる。それこそが、産業化（すなわち近代化）が始まることの筆頭の理由なのである。

法則や秘密を探り出すギリシャ哲学の得意技

こうした「科学の精神」はどうして西欧の世界において生まれて発達したのか。その理由は14世紀あたりからイタリアで始まって、やがて西欧を席巻したルネサンスという名の文化運動にあろう。

その邦訳の名が「文芸復興」であることからも分かるように、ルネサンスとは要するに、西洋文明の源流となる「古典時代」のギリシャ・ローマの文化を復興させることを目指した文化運動だった。

古典時代のギリシャ・ローマの文化は中世以来のキリスト教の思想的統制の下で失われてしまったが、ルネサンス運動はキリスト教的な神中心の思考から人々を解放して、古代ギリシャ的・ローマ的な人間中心の思考と文化を取り戻そうとした。

その際、西欧の人々はルネサンスを通じてギリシャ・ローマ文化の重要な要素の一つでかつて古代ギリシャにおいて繁栄した自然への実証的考察と論理的思考からなる「科学の精神」そのものを取り戻そうとした。

古典ギリシャの哲学を一度勉強すれば分かるように、古代ギリシャ人ほど自然に多大な興味と好奇心を持つ人種は他にない。ギリシャ哲学の先駆者となるタレスにしてもピタゴラスにしてもヘラクレイトスにしても、彼らの哲学はまさに自然への探求から始まるものであり、いわば「自然哲学」をその思想の基軸にしていた。

それらの自然哲学の先駆者の後を継いでギリシャの哲学を大成させたのはプラトンとアリストテレスであるが、この二人の大家の哲学においても、自然への探求は重要分野の一つで、自然哲学はその思想体系の基本となっている。自然万物に強い関心を持ち、その背後の法則や秘密を探り出してくるのはまさにギリシャ哲学の得意技であり、伝統芸の一つでもある。

ギリシャ哲学が後世に残したもう一つの遺産は、すなわち「論理的思考」の確立である。代表的な哲人の一人であるソクラテスは自らの「無知の知」を前提に、人との問答を通じてさまざまな主張の確かさを論理的に吟味していくという「対話法」を編み出したが、この対話法においてこそ、偏見や先入観に囚《とら》われることなく、論理的思考を通じて真実や真理を追究していくという知的精神が確立された。

このような知的方法論はのちにプラトンやアリストテレスなどに継承されて集大成され、「理性主義」や「理知主義」とも呼ばれるようなギリシャ哲学の一大伝統となった。ギリシャ哲学の土台となるポリスの世界が崩壊したのちに、こうした思想的伝統を受け継いだのはローマ帝国であるが、ローマ帝国の時代が終わって西欧が民族移動の大混乱に陥ってしまうと、ギリシャの伝統は西欧の世界から消えてしまい、イスラム教の世界でその命脈を辛うじて保っていたのは周知の通りである。

そして、キリスト教のイデオロギーが支配した中世の長い「暗黒時代」を経て、ギリシャの伝統を再び西欧の世界に蘇らせた運動こそすなわち前述のルネサンスである。ルネサンスの展開によって、好奇心を持って自然を探求し、論理的思考を持って真理を求めるというギリシャの伝統は再び生命力を得た。そしてそれが、西欧の世界において近代科学が生まれるための土壌である「科学の精神」を生み出すに至ったのである。

以上、「近代」を生み出すに至った西洋世界の知的状況を概観したが、このような西洋的知の世界は、科挙制度下の中国のそれとは正反対であることがよく分かる。ルネサンス以来の西洋人は、一度失われたところのギリシャ的な論理的思考と科学の精神を取り戻して近代科学を作り上げ、そしてそれを基礎にして産業革命を起こして進歩と繁栄の近代を切り開いた。

一方の中国は、地球上における文明発祥地の一つとして古代ギリシャを凌駕する独自の文明・文化を作り上げ、長い歳月において世界をリードするほどの文明大国の一つであったが、例の科挙制度が確立してからの1300年間、中国の文明・文化は昔のままの形でいっこうに進歩せず、窒息した知の世界からは新しいものは何も生まれてこなかった。

1905年になってやっと科挙制度が廃止された時には、中国という国の文明文化のレベル、あるいは中国の知識人たちの知的レベルは、じつは1300年前のそれとほとんど変わることはなく少しも進歩していなかったのだ。そして15世紀から19世紀までの約500年間、中国の知的世界の窒息状態とは好対照的に、西洋の世界では思想と知識が驚くべき進歩と進化を成し遂げ、知識・産業・社会システムなどのあらゆる方面において近代化というものを生み出していた。

そしてその結果、19世紀の半ばから、近代化の波に完全に取り残された老大国の中国は、西洋世界の作り上げた近代文明に完敗しただけではなく、近代文明を基礎とする西洋列強の軍事力によっても完膚なきまでに打ちのめされて世界の三流国家へと転落したわけである。

日本版「百家争鳴」の時代、文化と学問の空前の繁栄

近代における老大国・中国の転落を横目にして、同じ東アジアに存立する島国の日本はむしろ、明治以来の文明開化を通して自国の文明・文化と産業の近代化を推し進めることによって立派な近代国家へと華麗に変身し、いつの間にか西洋列強と肩を並べるようになった。

江戸時代の幕藩体制を震撼させた黒船来航が嘉永6年（1853）であったが、明治22年（1889）、大日本帝国憲法が公布されて翌年には施行されることとなった。わずか36年間で、日本という国は伝統的な封建社会から脱皮して近代的立憲国家に大変身した。そして同じこの36年間、日本における経済と社会の近代化、技術と産業の近代化も急速に進んだ。わずか数十年間、日本における前近代的伝統社会から近代国家への脱皮が、それほどの急スピードと完成度において成し遂げられたのはまさに世界史上の奇跡であって、世界全体を震撼させた歴史的出来事であろう。

しかしよく考えてみれば、このような奇跡が現実に起こったことの背景はやはり、明治以前の江戸時代において、近代国家に変身するための文明的文化的準備がすでに日本の伝統社

会の中できちんとできていたのではないのか、ということである。言い換えれば、要するに近代以前の江戸時代の日本は、部分的にはすでに近代化されていたわけである。

それは一体どういうものなのか。ここでは文化文明史の視点から、江戸時代がどういう時代なのかを見てみよう。

歴史上の日本の江戸時代はまず、文化が繁栄していた時代として知られる。現在の日本人が受け継いでいる有形無形の生活文化の多くは、まさにこの時代において完成されていることは周知の通りだ。

教科書を紐解けば分かるように、江戸期の文化の代表格には、元禄文化と化政文化がある。まず江戸前期の将軍綱吉の治世、大坂や京都などの上方を中心にして華美な生活や娯楽を楽しむ「元禄文化」が花を咲かせた。庶民文学の先駆者である井原西鶴や歌舞伎の近松門左衛門や俳句の松尾芭蕉、そして日本美術の最高峰をなした琳派の創始者である尾形光琳《おがたこうりん》らはその代表的な人物である。人間の欲望の肯定、人間性の解放、そして究極な美への追究など、まさに「日本版ルネサンス」ともいうべき文化運動がこの時代において広がった。「日本版ルネサンス」であるこの文化運動の担い手はまさに大坂や京都の町人たちである。鴻《こうの》池《いけ》や住友などの豪商たちはたいてい、文化活動のスポンサーだったのである。

町人文化がもう一度大きく開花したのは、江戸後期の「化政文化」においてである。今度の文化運動の中心地は最大都市の江戸に移ったが、その主役は依然として町人であった。江戸琳派の酒井《さかい》抱一《ほういつ》や鈴木《すずき》其一《きいつ》、浮世絵の葛飾北斎や歌川広重、歌舞伎の市川団十郎などの不世出の芸術家が華やかな都会文化を演出した一方、遊里小説の「洒落本」や十返舎一九の『東海道中膝栗毛』、そして川柳や狂歌などで代表されるような庶民文化も一世を風靡した。

武士の世であっても、文化はあくまでも町人の文化である。江戸時代の文化事情の一大特徴となったこの景観は、まさにルネサンス以後の西欧世界の文化状況を彷彿させるものである。ある意味では、日本のルネサンスはこの元禄と化政という二つの時代にすでに起きたといえなくもないが、もちろんそれはまた、日本における近代社会誕生の文化的準備ともなった。

満天の星の如く輝く思想の巨人たち

こうした町人文化の繁栄を背景にして、日本の江戸時代は学問が大変発達した時代でもあった。儒学、国学、蘭学、実学と呼ばれる多くの学問の分野が確立してきて凄まじい発展を遂げ、在野の学者や思想家が輩出して学説を競い合い、古代中国の春秋戦国時代の「百家争鳴」を思い起こすような繁盛ぶりであった。

儒学の分野では、「徂徠学《そらいがく》」と呼ばれる独自の儒学を築き上げた荻生徂徠《おぎゅうそらい》。古義学という日本的儒学の流派を創始した伊藤仁斎《いとうじんさい》。「近江聖人」と呼ばれた陽明学者の中江藤樹《なかえとうじゅ》、独自の「石門心学」を編み出して町人の生き方を説いた石田梅岩《いしだばいがん》。そして儒学者・軍学者として名を上げ、「中華」に対する日本の優位を唱えた山鹿素行《やまがそこう》など、江戸時代の思想史上、というよりも日本の思想史上、大きな足跡を残した思想の巨人がこの時代に活躍した。

国学の系統となると、その先駆者となる荷田春満《かだのあずままろ》、国学の基礎を築いた賀茂真淵《かものまぶち》、そして国学を大成させた天才的大思想家の本居宣長《もとおりのりなが》、古道学を思想運動として広げた平田篤胤《ひらたあつたね》がいた。

あるいは儒学でもなければ国学でもない、自らの学問の道を開いた独創的な学者たちも大勢いた。封建制の身分社会の中で、農業を根本とした無階級社会の実現を夢見た安藤昌益《あんどうしょうえき》。「無鬼論」（無神論）を説いて「地動説」を支持した山片蟠桃《やまがたばんとう》。同じ無神論、あるいは合理主義の立場から仏教や儒教を批判した富永仲基《とみながなかもと》。儒教的道徳倫理観を頭から否定して智謀と打算によって富を得ることを奨励した「経営コンサルタント」の海保青陵《かいほせいりょう》。生涯を自然哲学の探究に捧げた三浦梅園《みうらばいえん》、勤勉の思想を説いて自らそれを力行した農民思想家の二宮尊徳《にのみやそんとく》など、彼らの学問と思想はこの時代の日本と日本の思想史に新しい風を吹き込んだ。

実学・蘭学の分野となると、この時代に生きる学者はまさに満天の星の如く輝いた。儒学者・本草学者の貝原益軒《かいばらえきけん》、日本最古の農書の著者である宮崎安貞《みやざきやすさだ》、博物学者・作家・画家・陶芸家・発明家として、あらゆる分野において才能を発揮した「日本のダ・ヴィンチ」である平賀源内《ひらがげんない》。有名な『解体新書』刊行の中心人物である杉田玄白《すぎたげんぱく》、独力で代数学を編み出し、円周率を算出した関孝和《せきたかかず》、大坂の「旦那天文学者」である間重富《はざましげとみ》、大坂で町人の学問所である「適塾」を創設した「近代医学の祖」である緒方洪庵《おがたこうあん》など、彼らの学問と業績は、日本の近代学問にそのまま受け継がれていった。

町人的な生き方を貫いた学者

以上は、江戸時代に活躍した代表的な思想家、哲学者、あるいは実学者の錚々《そうそう》たる面々であるが、彼らの出自を見てみれば、この時代を代表する学者の大半はじつは町人の出自か、あるいは町人的な生き方を貫いた人であることが分かる。

たとえば上述に名を挙げた代表的な儒学者のうち、伊藤仁斎は京都生まれの正真正銘の町人で、一町人としての生涯を全《まっと》うした人である。もう一人の代表的な儒学者である荻生徂徠の場合、幕府側用人の柳沢吉保《やなぎさわよしやす》に用いられた時期もあったが、生涯の大半はやはり、江戸の町で塾を開く「町の学者」であった。独自の「石門心学」を開いた石田梅岩となると、もともと丹波の百姓の次男に生まれて、のちに町に出て町人たちを相手に学問を説いて一生過ごした。

国学の場合、その中心的な人物として日本思想史の代表的な人物となった本居宣長は松坂生まれ松坂育ちの典型的な町人であり、生涯は「町の医者兼在野学者」であった。

独自の学問を開いたユニークな学者たちの場合、安藤昌益は豪農の家に生まれて、のちに町に出て市井の開業医として生きていた。山片蟠桃は播磨の農家に生まれたが、幼少から大坂の両替商に奉公して番頭となった人物である。富永仲基は大坂で醬油屋を営む富裕商人・富永吉左衛門の子として生まれた、それこそ正真正銘の町人である。

あるいは出自はもともと武士ではあるが、のちに脱藩したりして武士社会から離れて、町人としての生き方を選んだ学者も多くいる。「近江聖人」の中江藤樹は「脱藩思想家」の草分け的な存在であるが、海保青陵も武士の出でありながら、最後は京都で塾を開くと一町人として生涯を終えた。平賀源内の場合、もともと高松藩の下級藩士の出自であるが、壮年になって高松藩との縁を切って自由の身となったからこそ、「日本のダ・ヴィンチ」として大成できた。

政治権力から半ば独立した「準自由都市」

このように、日本の江戸時代には、まさにそれらの町人あるいは「準町人」が中心となって、町人による町人の学問を発達させてきた。こうなった背景の一つには当然、商品経済の繁栄と商人階層の存在があったのであろう。

商品経済の発達と商人階層の力によって、元禄文化や化政文化を代表とする町人の文化が繁栄したことは周知の通りであるが、まさにこのような豊かな文化的土壌の中から、さまざまな学問や思想が生まれたのであろう。

そして何よりも大事なのは、それらの思想家や学者の生活する環境とその学問の土壌となる都市は、幕藩体制の政治権力から半ば独立した「準自由都市」であった点である。都市と町人社会が政治権力から離れていたからこそ、町人や町人になった人々はそこで自由の空気を吸い、政治権力にいっさい遠慮せずに自由自在に学問的な研究を行い、独創の思想や学問を生み出すことができた。

学問のすべてが政治に吸収されてしまう中国

こうした日本の江戸時代の学者たちの生き方とその学問のあり方は、中国の科挙制度下のそれとはまさに天と地との差があろう。前述のように中国の場合、政治的に一元化した支配構造、そしてそれを支える科挙制度の下では、各階層の優秀な青年が競って科挙制度の合格を目指して官制のイデオロギーだけの勉学に励んでいた。その結果、中国の知識人は全員が厳格な儒教信奉者となってしまい、彼ら自身からは独自の思想や儒学以外の学問は生み出されることはまずない。

その一方、優秀な青年は全員が全員、科挙試験に吸収されてしまったから、儒教から離れたところで学問の探究を試みる人もいない。結局、学問のすべては政治に吸収されてしまい、政治権力から独立した学問も知識人層も最初から存在しないのである。

しかし江戸時代の日本の場合はそれとは決定的に異なる。日本には科挙制度がないので、江戸時代の町人たちには最初から科挙試験に合格して官僚になるような道がない。そして政治権力から離れた自由な都市空間に生きているから、彼らはまったく自らの意思に基づいて学問の探究を行い、自らの信念や思考に基づいて自分自身の学説や思想を生み出すことができたわけである。

つまり日本の江戸時代の学者や思想家のほとんどは、最初から独立した自由知識人として生きているのだ。そして彼らによる知的創造活動によって、江戸時代の日本では学問と文化が空前の繁栄を遂げたばかりか、その繁栄が明治からの近代化への邁進のための下準備の一つとなったのである。

合理主義精神と自然の探求

自由知識人たちが活躍する中で、江戸時代の日本の知的状況における変化の一つは、近代学問を特徴付ける合理主義的精神あるいは合理的思考が徐々に浸透していったことである。

そうした中には、儒学から出発しながら結局合理主義へと傾斜していく人もいた。たとえば前述にも名が出た富永仲基は、もともと大坂の商人たちが開設した私塾の懐徳堂で儒学を学んでいたが、15歳の時、儒学そのものの存在意義を合理的懐疑から問い質す『説弊』の一文を書いたことで懐徳堂から破門された。それ以来彼は、それこそ市井の一自由知識人として独立不羈《どくりつふき》の著作活動を展開して、合理主義の立場からあらゆる宗教とあらゆる学説に対する懐疑的批判を行なった。31歳の若さで世を去ったこの不世出の思想家は、ある意味で江戸時代における日本のデカルトのような存在だった。

古の聖賢は「愚なり」

あるいは前述の山片蟠桃も、日本における合理主義の先駆者の一人であった。

彼は主著の『夢の代《しろ》』において、「スベテノ人ノ徳行性質ノコトニヲイテハ、古聖賢ヲ主トシテコレヲ取《とる》ベシ。天文・地理・医術ニヲイテハイニシヘヲ主張シ、コレヲ取モノハ愚ナリト云ベシ」と述べる一方、「スベテ上古ノ天ニ帰シテ云モノハ、天下ノ人ニ正シテ服スベキ天理自然ノコトヲ天トス。……神祇・釈教・恋・無常・サマザマアリトイエドモ、天罰・天賞ハ、ケッシテ無キコトナリ」とも語った。

つまり蟠桃からすれば、人間の道徳・倫理となると、古の聖賢（すなわち儒学の推奨する聖賢）の教えを語ればよいが、天文・地理・医術の分野で「古の聖賢」を持ち出したらそれはただの「愚なり」である。それらの分野で人間が従うべきは「古の聖賢」でも何でもなく、「天理自然」なのである。そしてこの「天理自然」はまったく客観的な存在であって、人間の考える「天罰」も「天賞」も単なる人間の勝手な想像にすぎず、実際には「無きこと」なのである。

日本の江戸時代において、これほど冷徹にして徹底した合理主義の考えの持ち主がいたとはまさに驚きであるが、「天理自然」を重んじるこのような合理主義精神からは、自然への探求や自然の人工的利用をテーマとする科学技術が生まれてくるのは当然のことであろう。日本の江戸時代は、まさに合理主義精神旺盛の多くの自由知識人の手によって、いわば日本流の科学技術が大変発達した時代でもある。

これに関しては、比較文明学者の梅棹忠夫氏がその著書『日本とは何か 近代日本文明の形成と発展』(NHKブックス、1986年)において克明に記述しているので、それを下記のように引用しておこう。

「現代日本文明が、明治以後の西欧化方式による近代化ではなく、それ以前の伝統にふかくおうているという例を、二、三もうしあげたいとおもいます。

(中略)

日本の数学は、明治以後にヨーロッパから導入されて発達したものではありません。日本数学が大展開をして確立するのは一八世紀のなかごろであります。数学の萌芽は、古代中国からもたされたものでありますが、日本において独自の発展をとげ、高次方程式の解法などはすでに中世において完成しております。とくに日本において発達した分野は、方程式論を中心とする代数学、それに幾何学的図形の代数的解法などでありますが、一八世紀前半には無限級数の展開、それに微積分学があらわれます。ニュートンとライプニッツによる微積分の発見と、時代的にみても、あまり差がありません。一八世紀後半には行列式にあらわれてきますが、これは世界最初のものといわれています。

こういうふうに、日本数学は一八世紀段階ですでに独自の、そして高度の展開をとげておりましたので、一九世紀中葉にヨーロッパ数学が導入されたときも、日本の数学者たちは、こと数学に関しては西洋にまなぶ必要はないと豪語していたのであります。

（中略）

科学のほかの分野の例をもうひとつあげましょう。それは、医学・生物学の例です。これは当然のことですが、医術はおおむかしからあります。医者の数もおおく、それを養成する組織もあります。医学は比較的はやくにオランダ医学が導入され、一八世紀後半からは、いわゆる蘭医とよばれる一派が確立し、在来型の医者とならんで繁昌しますが、そのころまでには、在来型の医学もかなりの程度に達しています。解剖学については、三人の医者が、苦心してオランダ語の解剖学の本を解読した話が日本では有名ですが、それよりずっと前に、一七五四年に最初の人体解剖が京都でおこなわれております。また、一八世紀後半では、全身麻酔による外科手術がはじまります。これは、ヨーロッパにおける麻酔の発見より先です。

生物学は、これはヨーロッパもおなじですが、はじめのころはむしろ薬学として発達します。一六世紀末には中国で大部の動植物分類の本が完成し、それが日本にも導入されますが、それも動植物学というよりも薬品学です。医学・薬学から独立して動物・植物の客観的な観察、研究がはじまるのは、日本では一七三八年とされております。そのとき日本産の動植物の分類学書が刊行されたのであります。リンネのシステマ・ナトゥライの初版がでたのが一七三五年のことですから、ほぼ同時代のことです」

以上は、江戸時代の日本における数学、生物学の発達を記述した梅棹忠夫氏著書の一節であるが、そこからも分かるように、いくつかの分野において、江戸時代の日本の自然科学はすでに西洋に勝るとも劣らないほどのレベルに達していることは事実であろう。たとえば梅棹氏が日本数学の発達について言及した「行列式」に関していえば、日本数学、すなわち和算の祖とされる関孝和は、連立方程式の解を求める公式を作る過程で行列式を発見したが、それは確かにヨーロッパに先駆ける発見だった。そしてこの関孝和はまた、円周率を小数点以下11桁まで求めたことで世界の数学史に名を残した。

科学が発達してくる中で、科学的知識を発明につなげて新しい技術を生み出そうとする人も現れた。たとえば「日本のレオナルド・ダ・ヴィンチ＝万能人」と賞賛される平賀源内は、現代の職業分類でいえば博物学者でも鉱山技師でもあり、電気工学者でもあれば化学者でもあり、イベントプランナーでも技術コンサルタントでもあり、そしてかのエジソンとも並べられるほどの発明家であった。

彼の発明品は100種類以上に上り、発表するたびに世間を驚かせた。たとえば水平を図るための「平線儀」、寒暖計としての「タルモメイトル」、空気圧を利用した噴水器などの機器類。「源内焼き」や「源内櫛」などの工芸品。あるいは、「火事に強い財布」の素材とするために石綿を研究して発明した「火浣布《かかんぷ》」、そして静電気を発生させるための医療機器であるエレキテル。すべて実用の視点からのこれらのユニークな発明は、産業革命前夜のイギリスなどで行われた新発明の数々を連想させるものである。

彼は一度、芒消《ぼうしょう》という薬品の製造に着手したこともある。芒消とは硫酸ナトリウムのことで、現在ではさまざまな工業用途に利用されているが、当時は漢方の下剤・利尿剤として重宝がられていた。しかし輸入にたよっていたため、高価で容易に手を出せなかった。そこで平賀源内は伊豆産の芒消の原料を入手し、芒消の製造に見事に成功したのである。

このようにして、江戸時代全体を通して、とくにこの時代の後期になると、「町」という自由な学問の空間を拠点として、多くの知識人たちが合理主義的思考を発達させ、自然への探究を深めていった。その結果、日本の科学は一部の分野において当時の西欧に劣らないほどのレベルに達し、技術開発と発明が盛んに行われていた。そして日本人の手によって開発された新しい技術は、すでに産業的応用の一歩手前にまで進んでいた。

それはあらゆる意味において、近代化が起きてくる条件がすでに江戸時代の日本で成熟しつつあったことの現れであろう。実際、自国の産業化・近代化を経験してから江戸末期の日本にやってきた一部の西洋人も、当時の日本の状況をまさにこのように見ていた。

たとえば安政6年（1859）に外交官として来日したイギリス人のラザフォード・オルコックはその著書の『大君の都』でこう述べたことがある。

「日本の封建時代の文化は、恐るべき進んだ文化であって、もしここに鉄と石炭とを与えるならば、たちまちのうちに、産業革命ができたであろうような段階にまで到達している」

彼がここで「鉄と石炭」といったのはおそらく、この二つをもって西欧産業革命の象徴としているからであろうが、石炭を燃やして鉄を作るという技術レベルの話となると、彼が来日する以前から、当時の西欧の最先端技術であった反射炉による製鉄は、九州の佐賀藩や伊豆韮山などではすでに行われていた。明治の以前から、日本の産業化・近代化はすでにここまで進んでいたのである。

歴史に「イフ」は禁句であるようだが、もしイフが許されるなら、19世紀になっても20世紀になっても、黒船の来航や西洋列強によるアジアの植民地化などの動きはいっさいなく、日本で江戸時代がそのまま続いていたのであれば、ひょっとしたらこの日本の中で、独自の産業化・近代化が自然発生的に起きていたのかもしれない。いや、むしろそうだった可能性は大であろう。上述のオルコックのいうように、江戸末期の日本は確実に「産業革命ができたであろうような段階にまで達している」からである。

江戸時代から始まり、明治で完成した日本の近代化

戊辰戦争が戦われている最中の1868年3月、薩長勢力は明治天皇を戴いて天皇を頂点とした新政府を樹立した。そして同年9月には、年号を明治に改めて天皇と新政府を東京へと移し、明治の時代を開いて近代国家の建設に着手した。黒船の来航から幕藩体制の崩壊・

新政府の成立までの革命的転換にかかった時間はわずか15年、それもまた、世界の革命史上の奇跡ともいえよう。

そしてその時から、明治新政府はその本来の歴史的使命の達成に向かって邁進を始めた。それはすなわち、日本という国の産業化・近代化を全面的に押し進めていくことである。黒船来航が象徴する西洋列強のアジア進出は、産業化・近代化が自然発生的に起きる時間的余裕を日本から奪い、日本に「別の近代化の道」を迫ってきた。西洋列強の植民地に陥らないためには、西洋の世界ですでに形を整えた近代化をそのまま日本に移植してきて、日本の近代化を一気に完成させる以外に道はない。幕末からの維新運動はまさにこのための体制作りであり、いわば新しい時代を開くための露払いである。そこから誕生した明治政府には当然、産業化・近代化推進の歴史的使命が課せられた。

東京に移ってからの新政府の動きはまさに電光石火のごときであった。明治2年（1869）には版籍奉還を一気呵成に成し遂げ、明治4年（1871）からは廃藩置県・地租改正、明治5年（1872）には近代的教育制度の制定、そして明治6年（1873）には兵制改革と徴兵令の公布、近代国家としての基盤はわずか数年間で作り上げた。

それと同時に、「殖産興業」という名の明治政府の産業化政策が始動した。明治政府はまず、外国の機械を購入し、技術者を招いて、製糸、紡績、炭坑、銀鉱、銅鉱、造船、セメントなどの官営工場を作り、のちに民間に払い下げて産業発展の基礎とした。その一方、「文明開化」のスローガンの下、西欧で生まれた近代的科学技術・政治制度、そして文化芸術・生活習慣を含めた近代文明全体を丸ごと吸収してきて、日本への移植を図った。

殖産興業と文明開化、明治という時代を象徴するこの二つの政策が大きな成功を収めたことは周知の通りである。産業化の面に関していえば、経済企画庁が発表した平成12年（2000）度「年次経済報告」の第2章「序」の「明治以来の日本経済」は、明治時代の産業発展について非常に参考になるので、それを下記に引用しておこう。

「日本の工業化は、1880年代半ばから20世紀初頭にかけて始まったと言われる。その始期において、綿紡績業では1882年の大阪紡績会社の創業を皮切りに、大型輸入機械を導入した近代的な綿紡績工場が次々と開業し、飛躍的に生産量が増加し、1890年に国内生産量が輸入量をはじめて上回った。一方、生糸生産においても、器械の導入が進み、1894年に器械製糸が座繰製糸を上回った。重工業の発展は軽工業より遅れを取ったが、1901年に官営八幡製鉄所が設立され、日本製鋼所、釜石製鉄所など民間の製鉄所の設立が相次ぎ、重工業の基礎となる鉄鋼の国内生産が本格的に行われるようになった。この時期造船技術は世界水準に追いつき、1905年に池貝鉄工所がアメリカ式旋盤の完全製作に成功するなど、技術面で大きな進展がみられた」

以上は、経済企画庁の「年次経済報告」が見事に描いた明治時代の産業発展の盛況であるが、実際、たとえば鉄道の建設に関していえば、東京・横浜間を走る日本初の鉄道が開通されたのは明治5年（1872）のことである。明治39年（1906）になると、日本全国に張り巡らされた鉄道網はすでに8000キロメートルを超えていた。そして、まさにこのような先進国並みの産業基盤があったからこそ、明治の日本は「富国強兵」の目標を達成して老大国の清国や軍事強国のロシアを次から次へと打ち破って自国の存立と安全を守ることができた。

文明開化の成果も絶大であった。近代文明国家の象徴となる義務教育の普及となると、小学校を義務教育とする新しい学制が制定されたのは明治5年（1872）のことであるが、それから数年後には全国で2万6000校の小学校が設置されて、明治末年には小学校への就学率は100％近くに達した。

近代文明国家を支えるもう一つの柱である立憲主義に関していえば、明治22年（１８８９）に大日本帝国憲法が発布され、日本はアジア最初の憲法を持つ立憲国家となった。そして翌年の明治23年（１８９０）に初めての衆議院選挙が行われ、第１回帝国議会が開かれた。日本はこれで、憲法と議会の両方を持つという、当時の西洋先進国と同じレベルの近代文明国家の形を整えた。

西欧諸国並みの近代文明国家となり、そしてそれが西洋諸国にも認められた結果、日本はやがて念願の不平等条約の改定にこぎ着けた。立憲国家となった5年後の明治27年（１８９４）にイギリスとの日英通商航海条約が改定され、治外法権が撤廃された。日清戦争の後はアメリカをはじめとする各国は領事裁判権を自ら廃止した。最後は明治44年（１９１１）、安政5年（１８５８）に結ばれた日米修好通商条約もやっと改定され、日本の関税自主権が回復した。

この一連の不平等条約の改定と主権の完全回復をもって、日本は明治以来の国家目標のすべてを達成し、欧米諸国と肩を並べる先進国、「西洋列強」そのものとなった。そしてまさにこの時点において、日本にとっての「別の道の産業化・近代化」はほぼ完成されたといってよい。黒船の来航から60年ほどして、そして新政府成立から四十数年にして、経済と政治と文化などのあらゆる面において、日本はすでに、世界有数の申し分のない近代文明国家となったのである。西欧諸国は17世紀から約300年間をかけて成し遂げた、農業文明から産業文明への転換、そして封建国家から近代国家への展開は、この日本において半世紀ほどで達成された。

明治の日本はどうして、それほどの素早さで近代文明国家の建設に成功したのか。それは当然、明治の日本人の並々ならぬ努力の結果でもあるが、江戸時代の二百六十数年において作り上げられた近代化の基礎があったからこそ、明治からの近代国家建設はそれほどの素早さでスムーズに進んだのであろう。

明治10年(1877)に来日したアメリカ動物学者のエドワード・モースは、その著書『日本その日その日』(石川欣一訳、講談社学術文庫、2013年)において、自分が日本人に進化論を教えた時の体験をこう語ったことがある。

「日本では、わが国ではたいへん理解されるのに困難だった進化論が、まるでかわいた砂地に水が吸い込まれるように、すらすらと理解される。生徒たちの知識への要求も理解力も、異常なものである。……わたしは、これほど楽しい進化論の講義をしたことがない」

モースを生んだアメリカでさえ理解されるのが困難な進化論は、日本人の場合となると、「かわいた砂地に水が吸い込まれるようにすらすら理解」されていくこの秘密はどこにあるのか。考えてみれば、その理由は一つしかないのである。

要するに、モースがこの日本にやってくる前、進化論が日本に伝わってくる以前から、進化論を簡単に理解できるほどの科学的思考がすでに日本人の身につけるところとなっていて、近代科学の合理主義精神がすでにこの日本において浸透していたからであろう。

そのような文化的土壌があったからこそ、日本人は進化論を含めた西欧の科学と技術を「すらすら」と理解して吸収することができた。つまり、西欧の近代科学と技術が日本には入ってくる前から、日本人はすでに合理的思考のできる「近代人」となっていたのである。そして、このような「近代人」を量産して明治へと送り込んだのは、まさに明治以前の江戸時代なのである。

論がここまで進んできたら、近代化と近代文明国家建設における日本の素早い成功の理由がすでに手に取るように分かってきたであろう。日本は決して、明治元年から近代化を始めたわけではない。明治以前の二百六十数年間の江戸時代をかけて、近代化の基礎がすでに出来上がっていたのである。

合理主義精神の発達と科学技術のレベルアップ、さらに全国市場の形成や国民全体の高い教育水準など、一国において近代産業文明への転換を成し遂げるためのすべての条件は、江戸時代の日本においてすでに成熟しており、日本の近代化はその入り口にさしかかっていたのである。

こうした中で、明治の日本人が行なった努力とは要するに、西欧で完成された近代文明をそのまま日本に移植してきて日本の近代化を完成させたことである。そして江戸時代において成熟してきた近代化の諸条件が、まさにこの移植を成功させるための土壌であり、近代文明の「水」をすらすら吸い込んでいく「砂地」そのものだったのである。

いってみれば日本の近代化は、まさに江戸時代に始まり、そして明治の時代で完成した、ということである。

「日本のルネサンス」の知的状況

以上、江戸時代の日本において、近代化の諸条件がすでに成熟し、近代国家へと飛躍する下準備はすでに出来上がっていることを詳しく論じたが、こうした近代化への下準備を整えてくれた要素の一つはやはり、江戸時代における知の世界の繁栄と知的レベルの「準近代化」であることも前述の通りである。

江戸時代においては、町人を中心にして在野の自由知識人たちが大活躍して学問と文化を繁栄させる一方、合理主義精神や論理的思考を自らの内面において育て、自然の探究や科学的研究を盛んに行なっていた。このような知的状況はまさに「日本のルネサンス期」ともいうべきものであるが、このような知的状況が一体どうやって生まれてきたのかとなると、本書の文脈からすれば、二つの歴史的要因をここで強調しておくべきであろう。

要因の一つはやはり、本書の第1章で詳しく論述したように、日本人は飛鳥時代から奈良時代にかけて、中国流の中央集権の政治制度を一時的に導入してきたものの、最終的にはそれを放棄して日本独特の封建制への道を歩み始めたことであろう。

このような賢明な歴史的選択が行われた結果、江戸時代の日本では、封建制は最も成熟した時代を迎えた。当時の日本列島は、数百の藩に分けられて分割統治され、また各藩においては町人という階層が成長してきて自主的な町人社会を作り上げた。そして前述のように、まさに幕藩体制下での町人社会から自由知識人という人種が生まれてきて学問と文化を繁栄させた。

つまり、日本人が中国的中央集権制と決別して成熟した封建社会を生み出したことは、江戸時代における知的進歩をもたらす要因の一つであると共に、その一方、飛鳥時代や奈良時代の日本人が中国から文化や政治制度を導入した時、中国流の中央集権制度と一蓮托生の関係にある科挙制度を完全に無視したことが、江戸時代の文化・文明の繁栄につながった遠因の一つではないのか。

その時の日本人は、一時的に中国から中央集権制の律令制を導入したことはあっても、科挙制度だけは一度も移植してきたことはない。それを最初から拒絶する態度を貫いたのである。

もちろんそれは日本にとっての幸いだったであろう。よく考えてみれば、もし飛鳥時代や奈良時代の日本人が科挙制度を日本に移植してそれを定着させていれば、後世の江戸時代の学問と文化の繁栄はなかったのではないかと思う。江戸時代の日本には、「負の遺産」としての科挙制度がまったく存在しなかったからこそ、武士階層や町人階層の若者たちが受験勉強に明け暮れることはなく、かけがえのない青春時代を儒教古典の暗記に費やすこともなかった。また、生まれつきの思考能力を陳腐な儒教思想に侵食されることもなく、そして自由自在の発想を儒教的固定観念に束縛されることもなかったのである。

その代わり江戸時代の日本人、とくに当時の町人たちは自由闊達な知的雰囲気の中で育ち、旺盛なる好奇心を持って自然と学問の探究を行い、豊かな想像力を用いてさまざまな知的財産を生み出して文化と文明を進化させた。そしてそれらのすべてが、のちの時代における日本の産業化と文化・文明の近代化の下準備を整えたのは前述の通りである。

こう考えてみると、中国流の中央集権政治を最終的に放棄したのと同様、中国伝統の科挙制度を最初から拒絶したことは、まさに古代日本人の素晴らしい知恵の働きによるものであって、日本にとってのあまりにも賢明な取捨選択の一つであったと断言できよう。

いってみれば、人間の思考力と知的生産力を内面から侵す「科挙制度」という名のウイルスを最初から拒絶したからこそ、現代にもつながる日本の文明と文化の繁栄と進化があった、ということである。

第3章

「野蛮の明清時代」と「文明の江戸時代」の違いはどこから来たか

明清の中国と江戸の日本、どちらが文明国家か

中国と日本を比較して、「中国の明清時代と日本の江戸時代は、どちらのほうが文明度が高いのか」との質問を投げかけてみたらどうなるのか。それに対し、中国人はもとより、おそらく一部の日本人でさえ鼻で笑うような反応を示すであろう。「何を馬鹿なことを言っているんだ。文明大国の中国のほうが文明度は高いのに決まっているではないか」と、自信満々にいう中国人と日本人が必ず現れる。

しかし、果たしてそうであったのか。明清時代の中国は本当に、江戸の日本よりも文明度が高く、そして日本よりも立派な文明国家だったのか。じつは、本書がこれから出す答えは「NO」にほかならない。実態はむしろその正反対であって、江戸時代の日本社会の文明度は同時代の中国のそれよりはるかに高い。そして江戸時代の日本こそ、同時代の中国よりもはるかに優れた立派な文明国家だったのである。

現代世界においても、一つの国、あるいは一つの社会の文明度を測る物差しの一つは、この国、この社会において女性がどのような地位にあって、どのような状況下に置かれているかである。女性の人間としての権利や自由がきちんと守られている国や社会のほうが一般に

文明度が高い。この論に対して、異議を差し込む人はおそらくいない。

じつは、まさにこの物差しから中国の明清時代と日本の江戸時代を比べてみると、双方の違いは歴然としている。その違いは、もはや単なる文明度の格差程度のものではない。極端な言い方をすれば、女性の社会的地位、あるいは女性の置かれている社会的立場という視点から見れば、江戸時代の日本は立派な文明社会であったのに対し、明清時代の中国は単なる野蛮国家、「文明」とは程遠い暗黒の後進社会だったのである。

まずは明清時代の中国を見てみよう。明朝と清朝という二つの王朝時代を合わせた明清時代は５４０年以上も続いたが、当時を生きた中国大陸の女性にとって、この長い歳月はまさに果てしない地獄の日々であって暗黒時代そのものである。

日本でもよく知られているように、明清時代の中国では、漢民族の女性は基本的に纏足《てんそく》をしなければならなかった。女の子が３～４歳になると、親の手によってその足指を裏側に曲げられて布で固く緊縛され、足の発育を徹底的に妨げる。成人するころには、足は正常のサイズに成長できず形そのものが変わってしまい、普通に歩けなくなるのである。これが纏足というものであるが、女性が幼い時から成人するまでに纏足で受ける肉体的・精神的苦痛の大きさもさることながら、成人してからも生涯にわたって、いわば足の不自由な人間として生きていくことになってしまう。つまり纏足という風習は、女性の身体の一部をわざと傷つけ、すべての女性を無理やり体の不自由な人間にしておくという、とんでもない奇習だったのである。

この漢民族独特の奇習は北宋の時代から始まり、社会全体の習慣として定着していたのは、明清時代の540年間である。

女性の身体を傷つけること、その身体の一部をわざと変形させておくこと。このような残酷にして野蛮な風習が、「文明大国」の中国で500年以上も定着していた。そのことからしても、当時の中国社会がどれほど変態的、非人間的であるかがよく分かる。

「節婦」「烈婦」の悲惨な運命

そしてその時代、女性は足の不自由な人間になっている以上、彼女たちは生涯、男に依存して男たちの隷属品として生きていくしかない。結婚前の女性は父親に従い、結婚した女性は夫に100％従うのは当然のこと、女性にはいっさいの社会的権利もなければ、人間としての自由もまったくなかった。

女性の人間的自由の完全喪失は、彼女たちに対する徹底的な社会隔離によって実現される。アメリカ人学者スーザン・マンの名著『性からよむ中国史』（小浜正子、リンダ・グローブ監訳、秋山洋子ほか訳、平凡社、２０１５年）は、明清時代の中国社会の「女性隔離」についてこう語っている。

「家庭内においては、女性が夫および幼い息子以外の男性と交流することは完全に禁じられていた。女性が男性と同じ食卓に着くこともできなかった。……当然ながら、寺院参拝や観劇や祭りの見物なども、女性たちには禁じられた。春先の外出も、物見遊山も、友人の家の訪問も、そういったことはすべて許されなかった」

学術研究に基づいたこの記述からも分かるように、当時の中国では、女性たちはあらゆる自由を奪われて、もはや人間としての待遇を受けていない。彼女たちは家族と社会の構成員でありながら、実際はまるで「囚人」のように、その生涯を通じて社会的な監禁状態に置かれていたのである。

極端な場合、「生きていく」という、彼女たちの人間としての最低限の権利まで奪われることもあった。

後述するように、明清時代の中国を精神的に支配していたのは儒教の変種である礼教である。礼教の倫理においては、既婚の女性は夫の一存で離婚させられることがあっても、夫が死んで未亡人になった場合、再婚は基本的に許されない。夫が死んで子供のいる場合、未亡人となった女性は生涯そのまま嫁ぎ先の家で暮らして子供を養育し、夫の親にも奉仕しなければならない。中国ではそれを「守節」といい、このような不幸な人生を送った女性のことは「節婦」という。

しかし万が一、夫が死んだ時に子供がいない場合は、妻である女性に許される道はもはや一つしかない。それはすなわち、夫に殉じて自らの命を絶つことである。これを「殉節」といい、殉節で死んだ女性は「烈婦」と呼ばれて、朝廷や地方官府から表彰されることになる。

じつは、明清の清王朝時代だけで500万人以上の女性たちが「節婦」や「烈婦」となったことが近代になってからの研究で判明している。単純に計算すれば、260年にわたる清朝時代、毎年2万人単位の女性たちがそのような悲惨な運命を強いられていたのである。

女性に対する以上のような非人間的な扱い方からしても、明清時代の中国社会は、「文明」の名に値しない単なる野蛮社会であることは明々白々であるが、隣の朝鮮半島もじつは中国と大差はない。中国の明清とほぼ同時代の朝鮮王朝は、纏足の慣習こそ大陸から導入していなかったものの、女性に対する社会的隔離の厳しさにかけては明清の中国以上である。そして「節婦」や「烈婦」となることを女性に強要する点においても、漢民族と同じだった。

18世紀寺子屋の高い女子率

明清時代の中国や朝鮮王朝時代の朝鮮半島と日本を比較してみると、たとえば江戸時代の女性の置かれていた社会的立場はまったく異なるのである。江戸初期から幕府の推奨により儒教倫理が浸透した結果、いわば「男尊女卑」が当時の社会的通念となっていた、とひと昔前の歴史書は記述している。だが、実態はずいぶん違っていたことが近年の研究によって明らかにされている。

たとえば江戸時代の女性たちは、じつはかなり高い確率で教育を受ける機会に恵まれていた。吉川弘文館から刊行された『〈江戸〉の人と身分〈4〉身分のなかの女性』（藪田貫・柳谷慶子編、吉川弘文館、2010年）という歴史研究本によると、たとえば伊勢国飯高《いいたか》郡塚本村で開かれている「寿硯堂《じゆけんどう》」という寺小屋では、寛政4年（1792）から文政5年（1822）までの31年間、男児の入門者が478人であるのに対し、女児は165人である。

女の子の入門者数は男の子の約3分の1程度ではあるが、18世紀の伝統社会の日本の某地の村で、寺小屋に入っている女の子の比率がこれほど高いのがむしろ驚きであろう。それはおそらく同時代の西欧には負けていないし、ましてや当時の中国や朝鮮と比べたらまさに天と地の差がある。明清時代の中国の場合、わずかな例外を除いたら女性には、教育を受ける機会はまったく与えられていないのである。

三河松平125家の離婚率

夫が死んでも再婚を許さない明清の中国女性と違って、江戸時代の女性は離婚も再婚も結構自由であったという。著名な日本史研究者で大阪大学名誉教授だった故・脇田修氏が古文書に基づいて江戸時代の三河松平125家の婚姻状態に対する研究を行なったが、それによると、離婚率は10%にも達していて、離婚後の女性の再婚率（夫の死亡後も含めて）は何と50%にも及んでいるという。

社会倫理に厳しい武家の女性でもそれほど高い再婚率であるなら、町人や農村社会の女性の再婚率の高さは推して知るべしであろう。戦後の「通説」では、江戸時代の女性は夫から一方的に離婚（離縁）を押し付けられることになっている。だが、実態はもちろんそうではない。本章で後述する通り、江戸時代の離婚は士農工商を問わず男による「専権離婚」ではなく、むしろ「協議離婚」が主流であることが近年の研究によって判明している。

こうして見ると、江戸時代の女性は教育を受ける機会にある程度恵まれていて、離婚の権利や再婚の権利も社会によって与えられている。そしてもちろんのこと、江戸時代の日本女性は纏足の苦しみを味わうことはまったくなく、悲惨な「守節」や「殉節」を強いられることもなかった。同時代の中国や朝鮮半島の女性たちの置かれている地獄のような境遇と比較すれば、江戸時代の日本女性はじつに幸運であると言わざるを得ない。そして、女性がそれほどの権利と自由を享受できる当時の日本社会は、現代の視点から見てもじつに立派な文明社会であって、その文明度の高さは当時の世界一流である。

以上、「女性の権利と社会的地位」の視点から、明清時代の中国社会と江戸時代の日本社会との間に、文明度にあまりにも大きな落差のあったことを概観した。だが、問題はこの落差が一体どこから来ているのかである。明清時代の中国人女性は一体どうして、人間としての権利と自由を奪われて「纏足」「殉節」をせざるを得ないように強要されていたのか。そして、清王朝とほぼ同時代の日本の江戸時代の女性が中国女性の苦しみと悲運から免れた理由は一体どこにあるのか。それはまさに、本書がこれから探究していく重要問題の一つである。

災いの元は朱子学と礼教である

本章の考察をまず、中国の明清時代から始める。540年以上にわたるこの時代、中国大陸の女性たちがいっさいの権利と自由を奪われて「纏足」や「守節」「殉節」の苦しみを強いられた理由はどこにあるのか。彼女たちをそれほど悲惨なる境地に追いやったものは一体何だったのか。

結論を先に申し上げると、その答えはじつに簡単である。明清時代の中国女性に災いと苦しみをもたらしていた元凶は、この時代の中国社会を精神と倫理の面で厳しく支配していた「礼教」というものであって、そしてその背後にある朱子学という思想・理論だったのである。

ここではまず、朱子学とは何かを概観してみよう。朱子学とは文字通り「朱子の学問」であって、中国史上の南宋時代（1127～1279年）、朱熹《しゆき》という人の手によって構築された儒教的理論体系である。

儒教というのは前漢王朝（紀元前206～紀元8年）の武帝の時代、王朝の政治的イデオロギーとして成立した思想体系である。それは前漢以後の歴代王朝によって国家的イデオロギーに祭り上げられて、中国人の精神と思想を支配してきた。北宋の時代になると、インドから伝来した仏教に対抗するために、「耐用年数」がとっくに過ぎた儒教に対する改造運動が行われ、後世に「新儒学」と呼ばれる新しい内容の儒教が成立しつつあった。そして北宋に続く南宋の時代、朱熹がそれまでの「新儒学」の成果を継承した上で儒教に対する学問的改造を完成させた。そこで出来上がったのはすなわち、朱子学と称される儒教学問の変種・発展形である。

「理気論」とも称される朱子学の中心概念はすなわち「理」と「気」である。「理」とは天地万物の生成・存立の根元である。それが人間を含めた森羅万象が拠り所とする根本的原理であり、そして「仁・義・礼・智・信」を内容とする最高の善でもある。その一方、朱子学はまた、天地万物の構成元素である「気」の存在を認めている。

「気」というのは天地万物を構成する微粒子状の物質的のようなものでこの宇宙に充満しているという。そして「気」が陰陽変化によって金・木・水・火・土の五行となって万物を形作っていくのである。

その際、「理」だけがあっても「気」だけがあっても天地万物は生じてこない。「理」というのは存在物を存在物たらしめる形而上的原理であり、「気」とは物を作る形而下的な材料である。森羅万象のすべての存在はまさに「理」と「気」によって形成されているのである。

理想の「本然の性」と現実の「気質の性」

そして人間の話となると、人間というのものは万物と同様、やはり「理」と「気」の両方によって形成されている。「気」が集まって形成したのはすなわち人間の肉体であるが、それに対し、「理」が人間の中にあってはすなわち精神であり、内なる理念と倫理観である。

そこから始まるのは朱子学の人間論と倫理学であるが、人間の心のあり方の説明に関して、朱子学が打ち出したのは「本然の性」と「気質の性」という対概念である。

「本然の性」は要するに人間の心の中に宿っている「理」そのものであり、純粋なる至善である。しかし天地万物が「理」と「気」によって形成されているように、人間も「理」と「気」の結合によって形成されているから、人間の心の中に宿している「理」は、実際は純粋な状態で存在しているのではなく、人間の「気」と一体となっている。「気」と一体化している、このような人間の性がすなわち「気質の性」なのである。

つまり、人間が実際に持っているのはこの「気質の性」であって、「本然の性」は抽象化された一種の理想なのである。

人間の抱えるさまざまな問題はまさにここから生じてくるのである。個々の人間を形成する気には清濁の差があるから、個々の人間には賢愚の差がある。そして「気質の性」は動き出して外物と接触を持つこととなるから、そこからは「情」と「人欲」が生じてくるのである。「情」と「人欲」は、人間の「本然の性」を曇らせることで、人間が理性を失って衝動的な行動に出たり、「善」を忘れて「悪」に走ったりするのである。

つまり人間が、節度のない行動を取るのも悪に走ってしまうのも全部、「本然の性」から離れて「気質の性」に身を任せたことの結果である。それでは人間は一体どうやって、逆に「気質の性」から離れて「本然の性」に近づくことができるのか。それこそが朱子学的倫理学の大問題である。

実行できるのは一部の知的エリートだけ

そのために、朱子学はいくつかの方法論を開発している。一つは「格物致知」というものである。「本然の性」というのは人間の心に宿している「理」であるが、この「理」というものは人間だけでなく、天地万物の中で等しく宿っているのである。したがって人間は、天地万物を観察・研究してその中に宿している「理」を極めることができれば、自分の心の中の「理」を再発見・再認識することもでき、自分の「本然の性」に立ち返ることができるのである。

もう一つの方法は、すなわち「持敬《じけい》」である。気質の性が動いて外物と接触したことから情と人欲が生じてきて人間が悪に走るのであれば、畏敬の念や慎みの態度を持って心の中の静止状態を保ち、気質の性がむやみに動き出すのを未然に防ぐことは人間の修養法として大事なのである。

天理を存し、人欲を滅ぼす

しかし、「格物致知」にしても「持敬」にしても、これらの方法論を実行できるのはあくまでも一部の知的エリートであって、いわば読書人の世界の話である。日々の労作と生活に追われている一般庶民にしてみれば、「格物致知」や「持敬」を実践する心と時間の余裕はどこにもないはずである。

朱子学としては、知的エリートだけが「格物致知」や「持敬」で「本然の性」に目覚めるのではまったく不十分である。一般民衆に浸透して勢力を拡大している仏教と道教に対抗して、朱子学が目指しているのはまさに万民に対する導きであり、社会全体と一般民衆を儒教によって統制していくことである。

そこで朱子学が提唱するのは「礼教社会」の実現である。「礼」とは要するに礼節と道徳規範のことであるが、礼節と道徳規範をもって庶民を教化し彼らの行動を規制して彼らの心をその「本然の性」に目覚めさせて立ち返らせること、それがすなわち朱子学の唱える「礼教」の役割である。

そして前述のように、人々に自分の心に宿している「本然の性＝理」を忘れさせて悪に走らせたのは「気質の性」から発したところの情と人欲であるが、「礼教」の第一の目標と役目はすなわち、礼節と規範をもって人の発する「情」を正しく規制して「人欲」というものを封じ込めて殺していくことである。このような考え方を表現した朱子学と礼教主義の典型的なスローガンは、すなわち「存天理、滅人欲」(天理を存し、人欲を滅ぼす）なのである。

このようにして、朱子学は「理気二元論」を編み出して天地万物の生成と人間の「性＝本質」に対する哲学的説明を行なった一方、人間の心にある「気質の性」から発したところの「情」と「人欲」こそが「理＝天理」にとっての大敵であり、人間社会の秩序と道徳規範を破壊する元凶であると認識するに至ったのである。

そして、「情」と「人欲」をいかにしてコントロールするのかに関して、特権的読書人＝知的エリートのやるべきことはすなわち「格物致知」と「持敬」であるが、一般庶民に対する処方箋はすなわち、「礼教」の実行によって人々の「情」を規制してその心の中の「人欲」を滅ぼしていくことである。

以上が「新儒学」の集大成である朱子学の概要であるが、朱子学はまさに、「理気二元論」を中核とする新儒学を打ち立てることによって、「存天理、滅人欲」を目標にする新儒教、すなわち「礼教」を打ち立てようとする学問である。

「餓死事極小、失節事極大」――礼教社会の残酷さ

儒教の正しい道統を受け継いだと自称する朱子学と新儒教としての礼教は、その後の中国史において徐々に漢代以来の儒教に取って代わって支配的な地位を固めていった。

朱子学が支配的地位を固めて一世風靡したのはやはり、1368年に創建された漢民族中心の明王朝においてである。

明王朝はモンゴル人の元王朝を中国から追い出して創建した漢民族の王朝であるから、民

族意識がとりわけ強い。明王朝の下で、いわば伏羲《ふくぎ》以来の「道統（儒学を伝える系統）」を受け継いだと称する朱子学と新儒教が国家的教学として採用されるのは、むしろ当然の成り行きである。

それに、開国皇帝である太祖（朱元璋）の王朝創建に参画した儒者の宋濂《そうれん》と劉基《りゅうき》は、二人とも浙江省金華の出身である。この金華こそは南宋の時代以来、朱子学の正統を伝える中心地であり、宋濂と劉基はまさにこの正統を受け継いだ代表的な朱子学者だった。明王朝の創建と創建後において、政治制度や儀礼制度の多くは彼らの企画によって整備されたものが多いが、朱子学がその思想的根底をなしていることは当然である。

太祖はまた、皇帝として朱子学の考えと礼教を一般民衆に浸透させることに腐心していた。そのために彼が「孝順父母＝父母に孝順になれ」から始まる「聖諭六言」を全国の村々に発布して、郷里の老人が毎月6回これを住民に読んで聞かせることを命じた。太祖はさらに、儒教経典の『礼記』と朱熹の作った『朱子家礼』に基づいて、村々で「飲酒の礼」を行なうことで長幼の序を明らかにするための「郷飲酒礼」を制定してそれを全国に発布した。農村の地域社会でこの「郷飲酒礼」を国家的行事として定期的に行なうことを命じたのである。

社会全体における朱子学と礼教の浸透と定着を図る一方、明王朝は科挙制度をきちんと整備してそれを「礼教国家」の根幹にした。とくに3代目皇帝の成祖の時代、科挙試験の教科書として使われる儒教経典は、全面的に朱子学の解釈を採用してそれを基準とすることにした。たとえば「四書」の解釈に関しては、朱熹の『四書章句集注』と『四書或問』が標準的な解釈書に指定された。科挙試験でそれと違う答えを出すと当然不合格となる。あるいは『易経』の標準解釈書として程伊川《ていいせん》の『易伝』と朱熹の『周易本義』が採用された。とにかく科挙の世界では朱子学が唯一の真理として尊ばれ、まさに「唯我独尊」の地位を占めたのである。

このようにして明王朝時代を通して、朱子学と礼教はまさに国家的教学とイデオロギーとなって、科挙の世界から農村の地域社会までを完全に支配するようになった。明王朝に次ぐ清王朝においても、状況はほぼ同じである。明朝と清朝を合わせて、朱子学と礼教が五百数十年間にわたって中国社会と中国人の思想・倫理を支配したわけであるが、前述したように、朱子学と礼教によって統治されたこの五百数十年間は、中国の民衆、とくに女性にとってはまさに長い、長い受難の歳月だったのである。

なぜそうなったのかというと、その理由はやはり「存天理、滅人欲」という言葉によって表現された、朱子学と礼教の原理主義・厳格主義にある。東京大学大学院教授の小島毅氏の言葉でいえば、朱子学が「理至上主義」であって、「理」あるいは「天理」というものを至上の地位に置く一方、「天理」と「人欲」の対立に関しては、「人欲」は「天理」に徹底的に服従しなければならないと考えるのである。そして「人欲」が「天理」への到達の妨げになっているなら、何のためらいもなく「人欲」を圧殺すべきである、と朱子学は考える。

そして、朱子学の実践形である礼教は、「人欲圧殺」の矛先を真っ先に女性に向けてくるのである。

礼教が女性を隔離するもう一つの理由

そもそも朱子学的理論において、「理気二元論」の分け方からすれば、男はどちらかといえば「理」であるのに対し、女はどちらかといえば「気」なのである。もちろん男と女のそれぞれの内面に「理」と「気」の両方が宿ってはいるが、やはり男の内面には「理」の部分の占める割合が高く、人欲の一部を克服すれば「存天理」の境地に達しやすい。それに対して、女性の内面にはそもそも「理」の部分は極めて弱く少ないから、女を「人欲」の塊と見ても差し支えはない。

だから礼教社会はまず、女性そのものを「滅人欲」の一番のターゲットにして抑圧して厳しい管理下に置かなければならないと考える。欲の塊の女性を自由にさせると礼教社会が乱れてしまうからである。だからこそ、女性の足を変形させてその行動の自由と範囲を厳しく制限するために纏足という奇習が定着したわけであり、女性を極力社会から隔離するという論理も成り立つのである。

礼教が女性の隔離を行なうもう一つの理由は、女性を男たちの性欲(すなわち究極な人欲)を喚起する存在だと見なしているからである。せっかく男は「存天理」に向けて精進しているのに、女性が目の前に現れると心が乱れて「人欲」のほうに走ってしまう恐れがある。だから礼教からすれば、「女は禍の元」、できるだけ人の目から離れた社会の片隅に追いやらなければならない。

歴史的に見れば、纏足が社会的習慣として定着したのは、まさに朱子学と礼教が盛んになった明清時代である。中国人著述家の高洪興氏はその名著の『図説 纏足の歴史』(鈴木博訳、原書房、2009年)では「纏足の習慣は北宋から発祥し、南宋に発展を遂げ、明朝時代に最盛期を迎えた」と記した。そして彼の論じたところでは、纏足の習慣が定着したのはまさに「礼教意識」の影響下であって、女性に対する隔離と拘束がその主な目的であったという。

このように礼教が盛んであった中国の明清時代、女性というのは常に抑圧されたり、拘束されたり隔離されたりするような忌々しい存在だと見なされて、そして実際にもこのような惨めな存在にされていた。

もちろん、人類社会が存続していく視点からしても、礼教自身が大事にしている「家の永続」の視点からしても、女性が子供を産まないと当然困るから、そういう意味での女性の存在価値は礼教によって認められている。しかしその裏返しとして、女性の存在価値はまさに子供を産んで育て、家の永続に貢献する以外にはない。女性は子供を産んで家を存続させるための単なる道具であって、女性自身は人間としての欲望を持つべき存在ではないと礼教の世界では考えられている。

まさにこのような論理から、礼教社会は既婚の女性に対して、自らの意思による離婚はもとより、夫に先立たされた場合の再婚も許さない。他家に嫁いだ女性は、その家の家族のための道具でしかないから、人間としての自由はあるはずもないし、嫁いだ家に背いて別の家の嫁になってはならない。

このようにして、明朝と清朝時代の朱子学・礼教支配の社会においては、たとえば結婚して夫に先に死なれた場合、女性が再婚することは基本的に許されなかった。再婚して一人の女性として生きていくことよりも、死んだ夫への「節」すなわち「理」を守っていくことのほうが何十倍も大事だと思われるからである。

しかし夫が先に死んで未亡人が再婚しない場合、その未亡人の生活はどうなるのかという問題が出てくる。だが、朱子学と礼教が用意した答えはじつに残忍なものである。いわば「新儒学」の創始者の一人であり、朱熹自身が尊敬してやまない前出の北宋時代の程伊川に至っては、次のような有名なエピソードがある。

ある人から「餓死に迫られた寡婦の再婚は許されるか」と質問された時、程伊川はきっぱりと、「再婚は節操を失う行為であり、許すべきではない。餓死のことは極めて小であり、節を失うことは極めて大である」と答えたという。

つまり程伊川からすれば、女性一人の命よりも「節操を守る」ことのほうがはるかに「大事」であることになっている。もちろんそれは程伊川という一人の男の考えに留まらず、朱子学および礼教の基本原則となって中国社会を500年以上支配していたわけである。明王朝と清王朝の2代において、宋代の人である程伊川が発した上述の「餓死事極小、失節事極大」の言葉は、じつは中国では誰でもが知っているような名言となり、そして女性ならば誰もが守らなければならない社会の掟となっていたのである。

「殉節」と「守節」に追い込まれた中国女性の悲哀

「餓死事極小、失節事極大」を唱える朱子学と礼教が中国の女性にもたらした禍害はじつに大きい。前にも触れたように、朱子学と礼教が支配する明王朝と清王朝の五百数十年間、夫に先立たされた女性に許される道は二つしかないのである。

一つは、亡き夫の遺子がいる場合、この女性は嫁ぎ先の家に留まって遺子を成人するまで育てていくことである。それと同時に亡き夫の父母に奉仕しなければならない。それが「守節」、すなわち「節を守る」ことだという。そして「守節」を貫いた女性は、「節婦」と呼ばれ、官府と社会の両方から褒められるのである。

しかしその一方、女性本人にとっての「守節」とはすなわち母と嫁としての義務を果たしていくだけのことであって、一人の女としての性と幸せを全部捨てることである。

それよりもさらに酷いのは「殉節」である。夫に先に死なれた女性は、もし夫の遺子がいない場合、彼女に許される道は一つしかない。亡き夫に殉じて自らの命を絶つことである。

要するに朱子学と礼教の世界では、夫の性欲を満足させその後継者を生み、そして子供を育てるというのは道具としての女性の役割であるが、夫が亡くなって子供もいないなら、この女性にはもはや生きる価値はない、死ぬ以外にないのである。

そして、このような考えに従って「殉節」を遂げた女性は、官府と社会から、場合によっては朝廷から「烈女」だと認められて大いに表彰されるのである。

このようにして、朱子学と礼教が盛んであった明清時代の中国社会では、夫に先立たされた女性ほど不幸なものはない。「守節」して夫の残した子供と家族に奉仕していくか、「殉節」して自らの命を絶つか、この二つの道しか許されない。人間としての権利、女性としての幸せなどはどうでもよかったのである。

じつは、夫を亡くした女性の「守節」と「殉節」は、礼教によって求められていただけでなく、時の政治権力、すなわち朝廷によっても奨励されたり強要されたりしているのである。たとえば「守節」に関しては、明王朝の朝廷が皇帝の名義において詔書を出して、「民間の寡婦は、30歳以前に夫が死亡して50歳まで守節した場合、本人とその家が朝廷より表彰され、実家はいっさいの労役を免じられる」としている。

あるいは清王朝の時代、3代皇帝の順治帝御纂の『御定内則衍義』は、女性の「殉節」に関して、こう書いているのである。「女子というのはその身がいったん夫に帰せばすなわち夫のモノとなる。夫が死した場合、婦人は未亡人と称され、夫と共に亡すべきである」と。

つまり清王朝の場合は、単なる奨励ではなく、皇帝の名の下に女性に「殉節」を強要しているわけである。

明清の朝廷が「守節」と「殉節」の奨励と強要にそれほど熱心だったのは当然、朱子学と礼教が国家的イデオロギーとして絶大な影響力を持っている表れでもある。政治権力の積極的加担によって、朱子学と礼教はよりいっそう人々の考えと社会生活を支配する力を増していったのであろう。

嫁ぐ前に「殉節」するケースも

それでは、朱子学・礼教と政治権力からの二重の圧力の下で、明清時代の女性が「守節」か「殉節」を強制させられていた実態は一体どういうものだったのだろうか。以下では、現役の中国人研究者の手によるいくつかの研究レポートを通してそれを見てみよう。

その一つは、中国西北師範大学教師の徐秀玲さんの研究レポートである。彼女は、明王朝時代の山東兗州《えんしゅう》府の歴史を記載した『兗州府志・烈女伝』に基づいて、明朝時代の兗州府内における女性の「殉節」の実態をレポートした。

徐さんのレポートによれば、明王朝の時代に入ってから、兗州府の管轄地域において「殉節」を遂げた女性の人数は『兗州府志・烈女伝』に名前を記載されただけで２６０名に上ったという。広大なる中国の兗州府という小さな一地域で、それほどの女性が「殉節」を強いられたとはまさに驚きであるが、その中には、たとえば次のようなケースがある。

府内に住む黄中という男に、胡家から嫁いだ若い妻がいる。二人の間には子供がいない。そして妻が20歳の年に夫の黄中が病死した。そうすると、妻が食もせずに水も飲まずにして夫の棺のそばに寄り添い、５日後にはとうとう、首吊り自殺で自らの命を絶ったという。

あるいは府内に住む張氏の妻の場合、夫が病死すると、その遺体に寄り添って数日間も慟哭した後、川に飛び込んで自殺した。

17歳の時に陳豪という男に嫁いだ女性は、不美人なので普段から夫に嫌われているが、それでも夫が亡くなった時には、毒薬を飲んで自決を遂げた。享年わずか21歳である。

あるいは周氏の妻の場合、26歳の時に夫を亡くしたが、子がいなかった。密かに毒薬を飲んで自殺を図ったが、家の人に助けられて一命を取りとめた。そこで気を取り直して夫の甥を跡継ぎにして育てていこうとしたところ、不幸なことにこの甥も急死した。そこで周氏の妻はすべてを諦めて、夫のお墓の前で慟哭した後に首吊り自殺した。

以上は、嫁いでから夫に死なれて「殉節」した女性のいくつかの例である。だがじつは、嫁ぐ前に許嫁となった相手が死んだ場合でも、「殉節」するケースがある。たとえば劉家の娘である劉成という名の女性は、18歳の時に許嫁の男が病死した。すると劉成は数日にわたっていっさいの食を絶って慟哭し、未婚の夫のお葬式の日に、とうとう首吊り自殺した、というのである。

あるいは、夫を亡くした時には殉節はしなかったが、子を亡くした時にそれを遂げた女性もいる。李氏の妻は22歳の時に夫が死に、一人息子を育てながら二十数年も守節した。しかし今度は、息子が若くして亡くなった。そこで李氏の妻は、食を完全に絶って自死した。

あまりにも不自然な描写

以上は『兖州府志・烈女伝』に記載されている、「殉節」を遂げた「列婦・烈女」たちのいくつかの実例である。研究者の徐さんも指摘しているように、そもそも当時の「烈女伝」というのは、まさに礼教の立場に立って「殉節」行為を賛美し、それを地方の「誇るべき歴史」として記載するものである。したがって、女性たちの「殉節」に対するそれらの記載は、一様に彼女たちが自分自身の意思で「殉死」を選んだかのように描写してそれを美化している。

だが、実態は必ずしもそうではない。たとえば病死した許嫁の男に殉節した劉成の場合、顔すら見たこともない許嫁の男の病死に際し、「数日間食もせず慟哭する」という描写はあまりにも不自然であろう。どう考えてもそれは、「烈女伝」を書いた人たちによる美化のための過剰描写であり、あるいは単なる創作であったかもしれない。

おそらく「烈女」たちの大半は、本当は死にたくはなかったのであろう。17歳、18歳の花盛りの女性が死を拒むのは人の情理であり、生存欲の発露である。しかし、朱子学と礼教が殺そうとしているのはまさにその情理であり、人間的欲求である。朱子学と礼教が支配する世界では、彼女たちは死すべきものであって、生きたいという生存欲が最初から無視されているのである。周辺からの無言と有言の圧力の下では、彼女たちは死という道を選ぶしかない。

そして彼女たちがこのような不本意な形で命を絶ってしまうと、周辺の社会と後世の歴史書は彼女たちのことをまったく自分の意思で「殉節」したかのように美化し、彼女たちのことを「列婦」「烈女」に祭り上げていくのである。朱子学と礼教がどれほど残忍で欺瞞に満ちたものであるのかが、これでよく分かるであろう。

顔も見たことのない「夫」のために女性の一生を捧げる

女性の「守節」「殉節」に関する、もう一つの研究レポートを紹介しよう。広東省社会科学院研究員の李蘭萍さんが、清王朝時代に広東省の香山県（現在は広州市の一部）で編纂された『香山県志』に基づいて、清朝時代における香山県内の「守節」と「殉節」の実態をレポートしたものである。ここでは「守節」の実態を具体例に沿って見てみよう。

李さんのレポートによれば、明王朝が「守節」に対する朝廷の表彰を明文化していたのと同様、清王朝も表彰制度を整えて、「30歳以前から50歳まで守節する」ことを表彰の基準にしている。

これが大きな影響を及ぼして、香山県内の女性たちの「守節」はやたらと期間の長いものが多いのである。

たとえば県内に住む梁家の女が何家に嫁いでからわずか2年後に夫が急死した。その時、夫の残した遺子がまだ母親の腹中におり、女が夫のために守節を誓って子供を産んで育てていったが、嫁いだ夫の家はいつか潰れてしまい、親子二人は生活の糧を失うこととなった。しかしそれでも女は節を曲げずに頑張った。彼女はそれから、いわば「洗濯婦」として生計を立て、女手一人で子供を成人に育てた。そして70歳の時に朝廷によって表彰されたのである。

方潤という男の妻は21歳の時に夫を亡くした。それ以来、守節して3人息子を育てていくこととなったが、不運なことに姑は性格が悪く気性の激しい人なので嫁に対する虐めは日常茶飯事であった。それでも嫁はじっと耐えて姑に孝順を尽くした。そして夫を亡くしてから五十数年、毎年の夫の忌日や清明節（祖先祭）になると、必ず夫のお墓の前で終日慟哭するから、「節婦」としての名声が遠くまで届いたという。

あるいは、2代にわたって「守節」を貫いた家もあるという。県内の乾霧村の人妻である黄氏は、28歳にして夫を亡くして守節を始めた。夫が残したのは女の子一人である。黄氏はこの子を大きく育ててから、隣の村の趙氏の許嫁にしたが、嫁ぐ前にその男性が死亡した。そうすると、黄氏の娘は嫁ぎ先の趙家へ行ってそのまま守節、顔も見たことのない「夫」のために女性の一生を「未亡人」として送ったのである。

許嫁の相手が死んだことで、10歳から守節した女性もいる。麦瑞安という男の許嫁となった女性は、10歳の時に未婚の夫が亡くなった。そこで彼女は10歳から16歳までは実家の父母の下で守節を命じられたが、16歳の時には両親の命によって許嫁の家へ赴いて守節を続けた。そして45歳の時、結婚もしていない「夫」の家で、守節だけの人生を終えた。何という哀れな女性の一生だったのか。

香山県内でこのような惨めな人生を送った女性はどれほどいるのか。李蘭萍さんの研究レポートによれば、清王朝晩期の同治帝時代に編纂された『香山県志』に記載されている歴年の「節婦」「烈婦」の人数は5445名にも上るという。清王朝時代、行政区としての県は全国で2000以上もあるが、その中の一つの県だけで、清朝一代を通して5000人以上の女性たちが「守節」か「殉節」を余儀なくされたわけである。

あるいは安徽省中国共産党委員会党学校所属の王伝満さんという学者の研究レポートによると、たとえば安徽省休寧県の場合、清王朝一代を通して2200人ほどの「節婦」「烈婦」が表彰されたという。

同じ王伝満さんの研究レポートが記しているところでは、山西省の太原府・平陽府・蒲州府の三地方で、清朝一代において表彰された節婦・烈婦の人数はじつに1万4928人にも上るのである。

600万人もの犠牲者

山西省の三つの地方だけで節婦・烈婦が1万5000人近く出たとは、まさに驚くべきことである。それでは、たとえば清朝一代で、一体どれくらいの女性が朱子学と礼教の餌食《えじき》になっていたのか。

さまざまな資料を調べていても、全国規模の数字はなかなか出てこないが、すでに入手した地方の数字に基づいてある程度の試算ができるのである。

前述において、広東省香山県の「節婦」「烈婦」の人数が5445名であること、安徽省休寧県のそれは2200人ほどであることが、中国人研究者の研究レポートで分かった。この二つの県の数字の中間をとって、一つの県から出る「節婦」「烈婦」の平均人数を3000人とすることができる。そして清朝時代の全国の県はおよそ2000以上あるから、2000×3000となると、何と「600万人」という目を疑うような数字が出てくるのである。

もちろん誤差を考慮に入れなければならないが、たとえば100万人単位の誤差を入れて計算しても、清王朝が中国を統治した二百六十数年間、中国では500万人以上の女性たちが、朱子学と礼教と政治権力からの無言と有言の圧力の下で自らの命を絶つか、女を捨てた「守節人生」を強いられていたのである。

「260年間で500万人以上」とは、要するに平均にして毎年約2万人もの「節婦」「烈婦」が生み出されていたという話である。朱子学と礼教が支配した当時の中国は、一体どれほど残酷にして非人間的な社会だったのか。

朱子学から出発して反朱子学に転じた江戸儒学

以上では、明清時代の540年以上にわたり中国を支配した朱子学と礼教は、その峻烈な原理主義と非人間性のために、この二つの王朝時代に生きた人々、とりわけ女性たちにどれほどの被害を与えたのかを見てきた。私見ではあるが、朱子学と礼教こそは、中国5000年の歴史の中で生まれた最悪にして最も非道な学問・イデオロギーであると思う。

もちろん、明清時代を生きた知識人の中でも、朱子学と礼教に疑問と反発を感じたり、そこから離脱しようとした人もいる。

たとえば明朝の中期を生きた王陽明が提唱した陽明学は、形骸化した朱子学への批判から出発したものである。人間を凌駕する絶対的な「天理」よりも、人間の心に宿る「良知」に信頼を置く陽明学はある意味では、朱子学によって切り捨てられた人間性の回復を目指したものであろう。

そして明朝の晩期を生きた陽明学左派の李卓吾《りたくご》になると、人間の情と欲望に「童心」という名の純真性を見出してそれを大いに肯定し、人欲否定の朱子学に公然と反旗を翻した。そのために李卓吾は弾圧を受けて投獄され、76歳の高齢にもかかわらず獄中で自殺を果たした。この李卓吾こそ、明清時代において朱子学と礼教に正面から反抗し、押し潰された知識人の代表格である。

あるいは清朝時代の戴震《たいしん》という知識人も、李卓吾ほど過激ではないが、朱子学と礼教に大いなる疑問を感じた一人である。戴震は清朝時代の考証学の確立者であり、朝廷の中で四庫全書纂修官、翰林院庶吉士を務めた当時の代表的な知識人である。

彼は朱子学の理気二元論に反対して気一元論の「気の哲学」を唱えるが、その意図は明らかに、朱子学と礼教が拠り所とする「理」の絶対性をひっくり返すことによって、そのまま「気」という人間の欲望や感情の復権を図ったものである。

その一方、戴震は「以理殺人」（理を以って人を殺す）という言葉を使って朱子学と礼教に対する厳しい批判を展開した。彼からすれば、「存天理、没人欲」を叫ぶ朱子学と礼教は、まさに「理」というものを武器に人の欲望を滅ぼして人を殺すものである。その際、「以理殺人」とは具体的にどういうものかについて戴震は言及しなかったが、本章で取り上げた女性の「殉節」がおそらくその念頭にあったのではないか、と推測できよう。毎年、万単位の女性を「殉節」に追い込む当時の礼教は、まさに「以理殺人」そのものである。

以上は、朱子学と礼教が猛威を振るった明清時代における、朱子学と礼教に対する反発の動きである。全体的に見れば、それは散発的で微弱なものであると言わざるを得ない。考えてみれば明清時代の５４０年間、本気で朱子学と礼教にぶつかって批判した知識人はただ二人、明朝時代の李卓吾と清朝時代の戴震だけである。もちろん、この二人の力だけで朱子学と礼教の支配的地位を揺るがすのは不可能である。

明清時代に大きな勢力をなした陽明学に関しては、決して朱子学との全面対決を目指したものではない。朱子学とは学問の立脚点が違ったものの、朱子学と礼教の「以理殺人」に対してはただ目をつぶっているだけである。

このようにして、中国という国と中国人は明清時代の５４０年間の長きにわたって朱子学と礼教の抑圧を受けながらも、ついに朱子学と礼教から一歩も脱出することができなかった。知識人が朱子学の奴隷となり、民衆が礼教の奴隷となっていたのが、まさにあの５４０

年間における中国の真実だったのである。

それに対して、中国から朱子学をいったん学び入れておきながら、そこからの完全離脱を果たすことかできたのは、じつは清朝とはほぼ同時代の江戸時代の日本人である。

時代のトレンドとなった新儒学

儒教が日本に伝わってきたのは日本史上の飛鳥時代であると思われるが、本書と同じPHP新書から刊行された拙著『なぜ日本だけが中国の呪縛から逃れられたのか』(PHP新書、2018年)で詳しく論じているように、当時から近世の江戸時代まで、日本人は仏教の導入とその日本的展開には熱心であったが、儒教に対しては極めて冷淡であった。日本人が真剣になって儒教を受け入れ始めたのは、江戸時代になってからのことである。

戦国時代の乱世に終止符を打って天下統一を果たした家康は、安定した政治的仕組みを作っていくために、儒教を幕府の政治理念として取り入れた。その時、朱子学が中国・朝鮮を含めた東アジアの世界で支配的地位を占めていたから、幕府の導入した儒教は、もはや飛鳥時代に日本に伝来したような伝統的儒学ではなく、時代のトレンドとなった新儒学、すなわち朱子学だったのである。

家康に起用された儒学者の林《はやし》羅山《らざん》もその師の藤原《ふじわら》惺窩《せいか》も、じつは朱子学者である。林羅山は藤原惺窩から朱子学を学び、それを正統な儒教理論として幕府に持ち込んだ。そして羅山自身が家康から家綱までの4代将軍の侍講を務めたことから、朱子学が幕府の中では公式の儒学としてすっかり定着していった。

林羅山の後では、彼の流れをくむ朱子学者の木下《きのした》順庵《じゅんあん》が5代将軍の綱吉に仕え、同じ朱子学者の新井白石が6代将軍家宣、7代将軍家継の政治顧問を務め、同じ朱子学者の室鳩巣《むろきゅうそう》が8代将軍吉宗に仕えた。このような流れの中で、朱子学は当然の如く幕府の支配的イデオロギーとしての地位を高めていった。やがて寛政年間の「寛政異学の禁」となると、朱子学は幕府における唯一無二の官学としての地位を確立した。

この流れの中で、民間の思想界においても朱子学がいっときに圧倒的な勢力を持つこととなった。江戸前期、在野の朱子学者である山崎闇斎《やまざきあんさい》は全国的な名声と影響力を持つようになって、門下生6000人を擁するような勢力を作り上げた。そして荻生徂徠や伊藤仁斎、山鹿素行など、江戸時代前期を代表するような思想家はことごとく、朱子学を学ぶことから学問をスタートし、学者生涯の初期段階ではほとんど例外なく朱子学の信奉者だった。

漢代以来の「道統」を完全否定

しかし、大変驚くべきことに、朱子学から出発したそれらの思想家たちは、やがて朱子学から離反して朱子学に反旗を翻すこととなった。日本人は朱子学を受け入れたその直後から、朱子学に対する批判をすでに始めたのである。

たとえば、山鹿素行が朱子学の諸概念を批判した『聖教要録』という書物を刊行したため、幕府から処分を受けたことは有名な話であるが、荻生徂徠の場合、朱子学が古代の経典に対する歪曲の上に成り立つ学問であると批判したのと同時に、儒学の根本である「道」を堯・舜などの古代帝王の作為した「礼楽刑政」にさかのぼって求めることで、朱子学だけでなく、漢代以来の儒教を含めた「道統」そのものを完全に否定した。

江戸前期を代表する学者の中で、朱子学に対して最も根本的な批判を展開したのは、京都に住む在野の思想家の伊藤仁斎である。

前述のように、仁斎はもともと朱子学からスタートした学者である。11歳の時に仁斎は、朱子学の経典の一つである『大学』を読んで大いに感激し、朱子学でいう「誠意・正心・修身・治国・平天下」などの「八条目」を自らの信条にした。そして最初の「格物・致知」から自らの修行を始めたが、そこから得たものは何もなく、自らの精神状態を文字通りのノイローゼに追い込んだだけである。

このような極端な苦悶の中で、仁斎はやっと一つ、重要なことに気がついた。

朱子学は孔子の開いた儒学の伝統を受け継いで「八条目」の世界を作り上げたとよく言われるが、しかし先聖の孔子の残した『論語』を上から読んでも下から読んでも、朱熹の言う「格物・致知」も「誠意・正心・修身」も「治国・平天下」も、何一つ書いていないのではないかと。ましてや孔子は「存天理、滅人欲」のような過激な言葉を発したことは一度もない。人間味に溢れる孔子はただ、人間が豊かな人生を送るためにどうすればよいのかを淡々と語っているのである。

つまり、朱子学の唱える峻烈な原理主義とその実践法は、儒教の始祖とされる孔子の考えとは全然違うのではないかと仁斎は気がつき、そこから朱子学に対する彼自身の離反を始めた。

仁斎はまず、『論語』に書かれていないことを、朱子学は一体どうやって儒学の基本として唱えることができたのか、という疑問から入った。そこから出た結論は要するに、朱熹自身が『論語』や『孟子』などの儒学古典に対して間違った読み方をし、間違った解釈を行なったことから問題が生じてきたのではないか、ということである。

朱子学の創始者である朱熹自身の主著となるのは『四書集注』であり、朱子学のバイブルとも言われるが、この『四書集注』の内容は結局、『論語』や『孟子』などの儒学古典に対する朱熹自身の注釈と解説ばかりである。つまり朱熹が『論語』や『孟子』などの儒学古典に対する独自の注釈と解説を通して朱子学という思想体系を作り上げたわけであるが、仁斎から見れば、朱熹の行なったこの独自の注釈と解説においてこそ、儒学古典に対する曲解もしくは歪曲があり、そして朱子学の峻烈な原理主義思想はまさにこのような恣意な曲解・歪曲からから生まれたものである。

したがって、朱子学による儒学古典の曲解や歪曲を一度洗い落として、儒教思想の本来の姿を取り戻すべきだと仁斎は思った。そのために彼が開発した独自の学問の方法とは要するに、朱子学による古典の注釈や解釈を無視して、『論語』や『孟子』に書かれている古《いにしえ》の言葉をその本来の意味において理解し会得することだ。それがすなわち仁斎の「古義学」というものである。

共通の原理は「愛のみ」

『論語』や『孟子』に書かれている古の言葉を、その本来の意味（すなわち古義）において理解する。そうすることによって、朱子学による曲解をさっぱり綺麗に洗い落として、儒学の原点に戻る。まさにこのような学問の作業を通して、仁斎の古義学は朱子学というものを完全に否定し、儒学の原点を理解するためには邪魔としてそれを切り捨てたのである。

仁斎が取り戻そうとした儒学の原点とは何か。ここに出てくるのはすなわち、仁斎自身が「最上至極宇宙第一の書」と絶賛する『論語』と、仁斎自身が『論語』から読み取った「愛」の原理である。

『論語』から読み取ったこの「愛」の原理について、仁斎は主著の一つである『童子問』において、こう語る。

「仁の徳為《た》る大《だい》なり。然《しかれ》ども一言以て之を蔽《おほ》ふ。曰《いはく》、愛《あい》のみ。君臣に在《あつ》ては之を義《ぎ》と謂ひ、父子《ふし》には之を親《しん》と謂《いひ》、夫婦には之を別《べつ》と謂、兄弟には之を叙《じょ》と謂、朋友には之を信《しん》と謂ふ。皆愛より出づ。蓋《けだし》愛は實心《じつしん》に出《い》づ。故に此の五《いつつ》の者《もの》、愛よりして出《いづ》るときは則實《じつ》為《たり》、愛よりして出《いで》ざるときは則偽《いつはり》のみ」

仁斎はここで、「仁」や「義」、あるいは「信」といった儒学の基本概念、あるいは儒教の基本的な徳目を羅列した上で、その背後にある共通の原理はすなわち「愛のみ」というのである。君臣という政治関係から父子という親族関係まで、夫婦という婚姻関係から朋友という交遊関係まで、すべての人間関係を支える根幹的なものは人間の心から発する愛という感情であると仁斎は考えるのである。

愛があるからこそ、君臣が「義」によって結ばれ、父子が親しくなって、朋友は互いに信頼しあうのである。愛がないなら、仁も義も信も、ただの「偽」となるのである。

大変重要なのは、ここの「愛」というのは、具体的な人間関係から離れたところの抽象概念でもなければ、人間の心の外にあって君臨するような絶対的な原理でもない、という点である。愛というのはまさに、君臣や父子や夫婦や朋友といった具体的な人間関係において、生身の人間がその心から発する真情そのものである。

「寛裕仁厚の心寡し」

こうして仁斎は、自らの儒学の中心にこの人間の真情としての愛を据えることによって、中国儒学の原点となる「仁」や「義」などの概念により深い解釈を与えた。それと同時に仁斎は、新儒学としての朱子学を原理的に完全に否定した。

一人一人の人間の心から発する真情としての「愛」は、絶対的な原理として外から人間の心を支配しようとする朱子学の「天理」とはまさに正反対なものだからである。「愛」を儒学の中心に据えていれば、人間性と人間感情を殺そうとする朱子学を頭から拒否しなければならないのである。

実際、仁斎は著述の至るところで、朱子学の「理」に痛烈な批判を浴びせている。たとえば仁斎が『童子問』について「凡《およ》そ事《こと》専《もつぱ》ら理に依《よつ》て断決《だんけつ》するときは、則《すなはち》残忍刻薄《ざんにんこくはく》の心勝《かつ》て、寛裕仁厚《くわんゆうじんこう》の心寡《すくな》し」と語ったことはその一例であるが、仁斎はここでははっきりと、朱子学の「理」はまさに「残忍刻薄の心」の生じる根源であると示唆した上で、「理に依る」ような人は結局「寛裕仁厚の心寡なし」と断言している。「理」というものを振りかざし、人間性を殺していく朱子学の峻烈な原理主義に対する痛烈な一撃であろう。

東アジア全体の思想史上大きな意義を持つ離反

このようにして朱子学に決別を告げた仁斎は、朱子学が儒学の古典に対する歪曲の上に成り立ったインチキ学問であることを喝破する一方、朱子学の「天理」とは対極にある「愛」

の原理を掲げて、人間性否定の朱子学にとどめの一撃を与えた。

その結果、幕府の政治力によって官学に祭り上げられてからわずか半世紀後、朱子学は京都に住む一在野の学者に反旗を翻されて、きっぱりと切り捨てられることになった。考えてみれば、日本の良き伝統が綿々と受け継がれる京都の町人社会の、その自由闊達な気風と文化的豊かさの中で育った仁斎が、中国流の峻烈な原理主義の朱子学から離反したのはむしろ自然の成り行きであろう。「仁斎の造反」によって日本人は、江戸思想史における「脱朱子学」の決定的な一歩を踏み出したのである。

その中でも、朱子学の「理」に対する仁斎の批判はまさに正論であって痛快でさえある。朱子学の原理主義に対して仁斎が投げつけた「残忍刻薄の心」の一言によって、中国の朱子学と礼教の本質が端的に表現されたのである。仁斎が同時代の中国で流行している「殉節」や「守節」の実態を知っていたかどうかは定かではないが、彼のこの一言はある意味では、礼教によって殺されていった数万数千の中国人女性の心を代弁していると思う。伊藤仁斎は偉大である。

そして仁斎によって到達された朱子学への離反は、日本の思想史上で大きな意味を持つだけでなく、中国本土を含めた東アジア全体の思想史上において大きな意義を持つ出来事であろう。何しろ、中国の明清時代を完全に支配して、隣国の李氏朝鮮時代を完全に支配した朱子学が、この島国の日本において本格的に論破され、そして徹底的に否定されたわけである。本来、中国人自身がなすべきところの大仕事を、日本の江戸時代の一「町学者」である伊藤仁斎が成し遂げたのである。

礼教を拒否した日本、自由を謳歌した江戸の女性

以上のように、江戸時代の日本人は幕府の推奨によって中国の朱子学をいったん受け入れたが、多くの学者たちはやがて、朱子学の間違いや残酷性に気がついて、朱子学から離れていった。そして伊藤仁斎に至っては、朱子学というものを思想的にも学問的にも徹底的に否定したのである。

その一方、江戸時代の日本人は、朱子学を思想・学問として一時的に受け入れはしたものの、朱子学の社会的実践としての礼教に対しては、最初から一瞥もせず完全に無視していた。

たとえば江戸時代の日本人は、礼教から生まれた奇習の纏足に興味を示したことは一度もなかった。広島大学大学院文化研究科総合人間学講座編纂の『比較日本文化学研究』第9号

（2016年）には、中国出身の研究者である薛梅氏の論文「異文化『奇習』への接し方：近代日本における纏足への眼差しを中心に」が掲載されている。薛氏論文は、中国の奇習の纏足に対する歴史上の日本人の態度に関しては、1870年代以前を「纏足への無関心時期」だと認識した上で、その時の日本人の纏足に対する態度を次のように述べている。

「纏足が悪習慣と言われるようになる以前から、日本人は纏足に接する機会があった。当時、纏足はせいぜい他国の一種の文化習慣として扱われた。当時の日本人の纏足への眼差しは後々の態度に比べて、無関心であり、他人事のように考えていたと言っても過言ではない」

そして薛氏論文によると、日本人が纏足のことを悪習慣だとはっきりと認識してそれを批判する態度を取ったのは1870年代から（明治期）、すなわち西洋文明の価値観の影響を受けてからのことであるという。つまり明治になってから、日本人は西洋文明からの影響を受けて纏足のことを「悪習慣」だと認識するに至ったわけではあるが、それ以前の時代、つまり江戸時代を通して、日本人には「纏足に接する機会」もあったもののそれにはまったく無関心だったのである。

無関心であった理由は何だろうか。日本人は昔から外来文化、とくに中国からの文化に対して好奇心が強く多大な関心を抱いたが、纏足にはまったく興味を示さなかった。それはやはり、日本人自身の価値観と感性から、まったく取るに足りない奇習であることを看破したのではないか。あるいは本能的な嫌悪感を覚えていたのではないか。

とにかく日本人が纏足に関心を持たなかったことは、日本人自身にとっての幸いであって、江戸時代の日本人女性は、明清時代の中国女性の味わった苦しみと不自由から免れた。

もちろん江戸の日本人が拒否したのは、何も纏足だけではない。礼教倫理の悪しき伝統の一つである女性に対する社会的隔離は、一部の例外を除いては江戸の日本には存在しなかった。

たとえば江戸時代の「国民的行事」であるお伊勢参りの場合、女性は男性と同じように積極的に参加していることは当時の記録や風俗画からもよく分かる。

一例を挙げると、青森県南津軽郡浪岡町の町史執筆委員である中野渡一耕氏が『広報なみおか』（平成15年7月1日号）に寄稿した文章によれば、享保19年（１７３４）４月12日、弘前藩目鹿沢村の太田伝兵衛の家族たちの伊勢参宮は藩に許可され、参宮のメンバーは下男・

下女以外に、伝兵衛の妻と二人の20代の娘が中心であることが当時の文献から分かったという。18世紀の江戸時代、若い娘を含む三人の女性が、東北の弘前藩から遥々《はるばる》伊勢を目指して1000キロメートル以上の長旅をするのである。このような光景は、当時の中国や朝鮮ではまずあり得ないし、おそらく同時代の世界各国でもあまり見られない。

武家の女性の「極楽」

それでは江戸時代の女性は一般的に、旅の自由を含めた人間的自由を享受していたのだろうか。

これについて、大変参考になる1冊の本がある。菊地ひと美著『江戸の暮らし図鑑 女性たちの日常』（東京堂出版、2015年）という書物で、当時の資料に基づいて江戸時代の各階層の女性たちの生活ぶりが克明に描かれているのである。ここでは、そのいくつかの断片を拾って、当時の日本人女性のライフスタイルや生活ぶりを見てみよう。

天明5年（1785）に江戸で生まれた、井関隆子という武家の女性がいる。彼女は20歳で一度結婚してまもなく離縁したが、30歳の時に江戸城西の丸「納戸組頭」を務める井関親興《ちかおき》という上級旗本の後妻となった。十数年後に夫に先立たされた隆子はご隠居の身分となって悠々自適の生活を送ることとなったが、その中で彼女は毎日の生活を日記に綴っていた。その日記が『井関隆子日記』であり、当時の人々の生活ぶりを伝える大事な文献資料となっている。

『井関隆子日記』から分かるのは、隆子自身の次のような日常生活の光景である。

「しかし隠居である隆子は、広い邸内の離れの隠居所に鹿屋園《かやぞの》と名付けて住む悠々自適の身です。前庭の薄《すすき》や四季折々の草花を愛でながら、本を読み、歌を詠み、ものを書きつつ日々を送っています」（菊地ひと美『江戸の暮らし図鑑 女性たちの日常』）

このような描写からしても、隆子という江戸時代の武家の女性は文字通り悠々自適の優雅な生活を送っていることはよく分かるが、さらに興味深いなのは、『日記』から分かった隆子の次のような日常である。

「また彼女は単に文芸好きに留まらず、隠居としてのたっぷりとした時間を使って、さかんに出歩いています。花見の頃の上野、隅田川、午《うま》が淵、牛嶋、早稲田の様子。牡丹の谷中、北沢村、菊の巣鴨、見世物の浅草、吉原の乾店《ほしみせ》（露天商）、釣り船の両国、佃島、花火の両国と行動派でもありました」（同前掲書）

本人の日記に基づくこのような描写から、江戸のご婦人の井関隆子が、花見や牡丹の鑑賞のために、あるいは花火や魚釣りを楽しむために年中江戸の町を歩き回っている様子が生き生きと浮かび上がってくる。そこには、女性の権利や自由に対する「制限」や「隔離」が存在しているとは思えない。もし中国の明清時代の女性たちが、同時代に生きた日本人女性・隆子の生活ぶりを知っていたら、もはや憤死する以外にない。家という狭い空間に封じ込められた明清の女性の置かれていた社会的境遇が「地獄」的だとすれば、江戸時代の井関隆子はまさに「極楽」だったであろう。

「歌を詠み、夜十時頃帰宅することもあります」

菊地ひと美氏の前掲書の記述に基づいて、もう一人の江戸時代の女性の生活ぶりを見てみよう。この女性は頼静子といい、日本思想史でも著名な儒学者、頼山陽《らいさんよう》の母親である。

頼山陽の父親である春水も広島藩抱えの儒学者である。春水は大坂の儒学者の娘を嫁にもらっており、それが静子である。そして、夫婦二人で書き残した日記から静子の日常生活がよく分かってくるのである。

それについて、菊地ひと美氏の前掲書はこう記している。

「彼女（静子）は儒者の娘である影響か、幼い時から和歌や漢詩に親しみ、文芸好きであったようです。和歌、写本、読書、趣味、社交、物見遊山と文化活動を盛んにしています。

和歌の教養はかなり高く、夫春水（儒者）の漢詩の会を通して交友、交流がありました。たとえば林氏の妻からの招待で歌を詠み、夜十時頃帰宅することもあります。また男性の仲間とも交流があり、春水の不在中にも仲間が五、六人来て漢詩の会を開いています」（同前掲書）

以上は、本人の日記から判明した静子という江戸時代の女性の、日々の生活の光景である。そこにあるのは、男たちと同様に雅《みやび》な趣味を楽しみ、社会的文化活動に積極的に参加する一人の女性の姿である。

静子の父親も夫も儒学者であるにもかかわらず、彼女の普段の生活ぶりからは中国儒教の唱える「男尊女卑」の匂いはいっさい感じられない。何しろ、趣味の和歌詠みでよその家へ行って夜10時にやっと帰宅するような主婦のいる社会であれば、その社会の一体どこが「男尊女卑」なのか。

もちろん、女性を封鎖された空間に押し込めるという中国明清時代の「女性隔離」もここにはまったくない。というよりもむしろ、男たちに交って趣味と社会交流を楽しむ静子という女性のライフスタイルは、現代社会の女性のそれともはや大差ない。江戸時代の日本人女性の静子が、現代に生きる一人の女性とほぼ同程度の自由を享受しているのである。

このような自由を謳歌しているのは上流社会の武家の女性に限られていたのかといえば、じつはそうではない。菊地ひと美氏の本には、近江商人の妻である「みき」という女性も紹介されている。今の滋賀県にある中山道愛知川《えちがわ》宿で麻布の買い付けや旅館の経営に従事する夫の梅原又右衛門次方が残した日記から、女房のみきの生活ぶりが判明している。

京都から嫁いだみきは商人の女房であり旅館の女将である以上、普段は夫の仕事を手伝ったり、旅館と家事を切り盛りしたりして多忙な生活を送っているが、機会があれば遊山や旅行を楽しむことも忘れない。たとえば寛政11年（1799）9月に、親戚の松井家の人々と長浜の神事見物に出かけたこともあれば、寛政12年（1800）には、夫の次方や長男の太蔵と伊勢参宮の旅に出て、現代でいう家族旅行を楽しんでいる。

こうした家族揃っての旅はめったにないようだが、みきは普段、あちこちへ出かけることがよくあったらしい。これについて、菊地ひと美氏はこう記している。

「みきは旅や遊山を含めて行動範囲が広いということです。その範囲は周辺地域であれば、彦根、長浜、多賀、近江八幡など。遠い地域であれば大津、京都、伊勢詣りにまで出かけています。多くは子供連れであり、供も付き添いましたが、商家であるために夫や家族揃ってというのは無理でした。当時としては自分の能力を活かし、自由に生きられた女性だと思います」

江戸時代の商家の女房であるみきという女性のライフスタイルをこうして見ると、現代日本のどこかの裕福なお家の奥様のそれと大差のないことがよく分かる。彼女はまさに、「自由に生きられた」女性の一人であるが、18世紀から19世紀の日本の江戸時代、このように「自由に生きた」女性が普通にいることは、良い意味において「世界的な奇観」である。明清時代の中国女性や李氏朝鮮時代の朝鮮半島の女性の境遇とは雲泥の差であることはもとより、同年代の欧州社会と比べてもおそらく、江戸時代の日本人女性の享受できた権利と自由の大きさは一流だったであろう。

離婚と再婚に見る江戸時代の「女性の権利」

今まで本章のさまざまな場面において記述したように、明清時代の中国人女性にとって「結婚」は地獄同然のものであった。

女性にとっての結婚とは、要するに一生を通して夫と夫の両親、そして子供に無条件に奉仕することである。さらに不幸なことに、夫に先立たされた場合、夫の家に留まって婚家に奉仕するための人生を続けるのか（守節）、夫に殉死する形で自らの命を断つのか（殉節）、という二つの道しか残されなかった。当時の中国人女性には人間としての権利と自由はまったくないし、生きていく自由さえ奪われていた場合もあった。それこそが、礼教の世界の本当の意味での「男尊女卑」である。

それに対して江戸時代の日本女性は、このような「生き地獄」を一度も見たことはないのであろう。そもそも日本には有史以来、夫への殉死を女性に強要する野蛮な風習はあった試しはまったくない。そして、儒教からの影響を受けて「男尊女卑」となったと言われる江戸時代においても、女性の離婚も再婚も結構自由であったことが近年の研究によって明らかにされている。

これに関しては、２０１４年に吉川弘文館から刊行された、高木侃《ただし》著『三くだり半と縁切寺 江戸の離婚を読みなおす』という書物は非常に参考になる。この書物は、多くの厳格なる学者の近年の研究に基づいて江戸時代の離婚と再婚、とくに女性の離婚と再婚の実態を克明に描き出しているから、まさにとっておきの一冊である。

江戸時代の「協議離婚」

以下では、高木侃氏の前掲書の記述と本書が援用した多くの研究成果から、江戸時代の女性たちの離婚・再婚事情を詳細に見てみよう。

まず一つ明確にしておきたいのは、「前近代的封建社会」だといわれる江戸時代において、離婚と再婚は決して厳しく制限されるような社会的タブーではなく、むしろ普通に行われていたことである。封建的な道徳倫理が庶民社会よりも厳しい武家社会でも、離婚と再婚はかなり自由であったと思われる。

前出の脇田修氏は、「寛政重修諸家譜《かんせいちょうしゅうしょかふ》」という江戸時代の資料を素材にして三河松平１２５家の婚姻に関する統計的な分析を行なった結果、離婚率が全結婚数の約10％であって、かなり高い率であったことを明らかにしている。しかも離婚後の女性の再婚率（夫の死亡、離婚、婚約破棄、婚約者死亡を含む）はほぼ50％に及んでいたことも分かった。それはおそらく、現代の日本にも引けをとらないほどの高い再婚率であろう。

そして上述の研究結果を踏まえて、脇田氏は「このような再婚率の高さは、再婚への忌避がなく、ことに夫の死亡後の再婚にためらいはなかったと推測されている」と指摘している（高木侃著前掲書）。

また、兵庫教育大学教授の浅倉有子氏は、脇田氏が用いたのと同じ資料を素材に使い、さらにデータを増やして江戸時代の大名百家・旗本百家の婚姻状態を分析したが、その全体の離婚率が11・23％、再婚率も58・65％に上っていることを発見した。

現在でこそ日本の離婚率（結婚数に対する離婚数の比率）は30％以上になっているようだが、江戸時代の武家社会において離婚率が10％以上であったことはむしろ驚きである。そして女性を含めて再婚率は50％以上に達していることも注目すべきであろう。その意味するところは要するに、江戸時代においては男女を問わず、離婚や再婚（あるいは配偶者死後の再婚）は普通のことであってしかも自由であったことだ。

夫が先に死亡した場合、再婚も許されずに「守節」か「殉節」を迫られる明清時代の中国人女性と比べれば、江戸時代の女性の権利と自由は驚くべきレベルで保障されていたことがよく分かる。やはり「女性の権利と自由の保障」という物差しで計った江戸時代の日本の文明度と明清の中国のそれとは雲泥の差がある。

ただし、江戸時代の離婚に関しては次のような「通説」があるようだ。つまり離婚というのは、ほとんどの場合は女性の自由意思によるものではなく、むしろ夫が一方的に妻を離縁させるのが普通だった。それは今、われわれ現代人が持つ一種の共通認識となっているようだが、真実は果たしてそうであったのか。江戸時代の離婚は、夫の身勝手な「専権離婚」が普通だったのであろうか。

これに関して高木侃氏の前掲書は、日本の法制史研究者で神戸大学名誉教授だった故・大竹秀男氏の重要な指摘を引用している。大竹氏は昭和60年（1985）11月の比較家族史学会で、こう述べているという。「専権離婚という言葉、これは法制史の中ではよく使われていてこれが多少理解を偏《かたよ》らせた面があると思うのですが、専権離婚制といいますがこれは夫の方から一方的に離婚権を行使して夫がたいした理由もなく離婚できたのだという理解は、もはや今日では通説ではなくなってきていると思います。むしろ江戸時代の離婚というのは、協議離婚が原則であったと考える方が妥当であって……」。

つまり、大竹秀男氏という厳格な法制史学者は、江戸時代の離婚は夫の身勝手による「専権離婚」であることを否定し、それはむしろ近現代の離婚に近い「協議離婚」であることを明確に述べている。そして、高木侃氏の前掲書に挙げられている多くの実例からしても、歴史の真実はまさに大竹秀男氏の指摘する通りだったのである。

妻のほうから慰謝料を差し出す

たとえば、幕末の嘉永期に次のような離婚案件があった。源兵衛という男は嘉永3年（1850）に「いと」という名の女性を妻に迎えた。しかし1年後には夫婦仲が悪くなって、夫のほうが離縁を決意した。そのために源兵衛は「暇状《いとまじょう》」を妻に差し出したが、妻の母が離縁を承知しなかった。

そこで妻は、「暇状」を受け取るのを拒否してそのまま実家に帰り、別居状態となった。しかし、それでは「暇状」が受理されていないことになって離婚は成立しない。夫の源兵衛も再婚できないままの状況である。

ところが、いつの間にか妻のいとのほうから「暇状」をくれ、といってきた。おそらく再婚相手の男が現れたのか、いとは翻意して離婚にOKしたわけである。

妻のこんな身勝手な振る舞いに対して、源兵衛は甚だ腹を立てたようだが、結局仲介者が入ってきて、妻のほうから慰謝料として銀10匁《もんめ》を差し出したところで手打ちとなって、離婚が首尾よく成立したのである。

この事例からも分かるように、江戸時代の離婚は夫の身勝手による「専権離婚」であることは実態のない伝説に過ぎない。夫が離婚しようとしても、妻のほうが「暇状」を受け取らない限り離婚は成立しない。夫の「専権」云々的なものはどこにもない。

しかもこのケースでは、夫よりもむしろ妻のほうが身勝手である。最初は離婚には応じないが、勝手に実家に帰って嫁ぎ先へ戻ってこない。そして良いところの再婚相手が現れると、今度は自分のほうから離婚を求めてくるのである。この実話を読んで、男性である筆者はむしろ夫の源兵衛のほうに同情したくなるのは正直な気持ちであるが、よく考えてみれば、この離婚案件において、男のほうが同情されるくらいで「社会的に弱い立場の女性」はどこにもいないし、男の身勝手が許されるという「男尊女卑」の実態はまったくうかがえない。

そして、最終的には妻のほうが慰謝料を差し出して離婚を成立させたところを見れば、このケースがまったくの協議離婚であることは一目瞭然である。しかも、妻のほうは常に強い立場にあったことも分かってくる。現代でも、慰謝料を払わなければならないのは普通、強い立場とされる男のほうであるが、男に慰謝料を払うほどの強い女性が、じつは19世紀の江戸時代にいたのである。

「三行半」は事実上の「再婚免状」

以上は、夫からの離婚要求をいったん拒否した女性のケースであるが、じつは妻のほうから夫に離婚を迫ってくるケースもある。江戸時代の天保期に、上野国《こうずけのくに》新田郡牛沢村で次のような離婚騒動が起きた。

「きよ」という名の女性は、結婚した夫が酒浸りのダメ亭主だったため、いったん実家に戻って両親の加勢を得て、離婚を夫に迫ってきた。ショックを受けた夫は猛省の上、妻に戻ってもらうためには、その両親宛に「私儀、不身持につき、此度心底相改め、禁盃仕り候」という文句の「禁盃《きんぱい》」起請文を書いて、禁酒と改心を誓った。

しかしそれでも妻としては安心して夫のところへ帰ることはできない。そこで妻と両親は、夫のほうに一つの要求を出した。妻は夫の家に帰ってもよいが、それとの引き換えに、夫のほうはまず「離縁状」を一つ書いて妻に渡さなければならない。そして妻はこの「離縁状」を取っておいた上で夫との結婚生活にいったん戻り、夫が本当に改心しているかどうかを見極める。もし夫は相変わらず不埒、不行跡であれば、妻は事前に取った「離縁状」を差し出していつでも離婚することができるようにしておく。

このケースで見ると、江戸時代の離婚は夫による「専権離婚」であるという話はまったくの後世の嘘であると分かる。離婚を迫ってくるのは妻のきよのほうであって、離婚されないためには夫のほうが頭を下げて「禁盃」起請文を書かなければならなかった。そして妻に戻ってもらうためには、要求されるままに「離縁状」を書いて妻側に渡さなければならない。

この一連のやりとりにおいて、常に主導権を握っているのはまさに妻のほうである。そして、夫から「離縁状」を受け取っていつでも離婚できる立場を確保しているのも、やはり妻のほうである。妻のきよにとって、夫との結婚生活を続けるのも自分の自由だし、離婚するのもまったく自分の裁量一つで決められる。それはもはや、妻による「専権離婚」そのものなのである。

そして高木氏の本によれば、このケースのように、夫から事前に取っておく「離縁状」とは普通「先渡し離縁状」だといわれている。このような形の離縁状に「先渡し離縁状」という固有の名称が付いていることは、じつに興味深い。その意味するところは要するに、妻が事前に離縁状を取っておいて離婚権を確保しておく現象は決して個別現象ではなかったということ。このような行為はかなり一般的に行われているからこそ、「先渡し離縁状」という固有名称が付いたわけであろう。

離縁状に関していえば、江戸時代の「三行半《みくだりはん》」という形式の「離縁状」は近現代になって、「江戸時代の離婚は夫の専権離婚」であることの証拠としてよく持ち出されているが、その実体は高木氏の研究によって明らかにされている。現在に残されている実物の「離縁状」を数多く分析した結果、大半の「離縁状」（すなわち三行半）は二つの要素から成り立っていることが判明した。一つは「これをもって離婚するよ」という「離婚文句」、もう一つはすなわち「再婚していいよ」という「再婚許可文句」である。ケースによっては、「再婚許可文句」だけが書かれている「離縁状」もあるという。

つまり「三行半」は、じつは離婚後の相手の再婚を容認するための「再婚免状」であって、離縁状を受け取った女性は最初から、再婚の権利と自由を保証されているわけである。だからこそ、前述のケースのきよという女性は自ら進んで「離縁状を書いてくれ」と夫に迫ったわけであるが、いわば「先渡し離縁状」が多く存在している背景には、「三行半」が事実上の「再婚免状」である事情があろう。

もう一つ特筆すべきなのは、離婚するに当たって妻側の財産権はきちんと保障されていることだ。高木氏によると、離婚する際、妻の使用する衣類や家具などは妻の財産として持ち帰れるだけでなく、妻が嫁いだ時に持ってきた持参財産が妻に返還されるのが原則であるという。

こうして見ると、江戸時代の女性には、夫から求められる離婚を拒否する権利もあれば、夫に離婚を要求することもできたことがわかる。そして離婚した場合の再婚権が保証されていて、自らの持参財産に対する権利もきちんと持っていたわけである。江戸時代の女性の持つ権利というものは、現代の日本人女性の持つそれともはや大差がない。日本の近代が始まる前から、日本人の女性は近代文明がもたらすはずの権利と自由をすでに享受していたのである。

「前近代」から完全に脱皮している

以上、日常生活と結婚・離婚事情の両側面から、江戸時代の日本人女性はどのような社会的立場にあり、どのようなライフスタイルを生きてきたのかをさまざまな実例に沿って見てきた。そこで浮かび上がってくるのは次のような「江戸の女性像」である。

上流社会から農家の娘まで、多くの女性は子供の時から同時代では驚くほどの高い確率で、教育を受ける機会に恵まれていた。成人してからも男性と同様に地域の祭りなどの社会的活動や寺院参拝などの宗教活動に自由に参加することもできた。多くの女性は自らの趣味を持ち、物見遊山を楽しみ、1000キロメートル以上の長旅に出かけることもあった。

結婚してから夫婦生活がうまくいかない場合、女性は離婚する権利がきちんとあるばかりか、それを行使することができ、ダメ男の夫に離婚を迫る「猛女」もいたほどである。離婚するに際しては財産権も保証される。そして離婚した場合、女性の再婚も再再婚も自由で当たり前だったのだ。

このように江戸時代の女性たちは、現代社会の女性と大差ない権利と自由を保持していることがよく分かる。この一点からしても、当時の日本はまさに立派な文明国家であり、その文明度の高さは「前近代」から完全に脱皮しているレベルにあったことが分かる。

それは、本章において具体的に見てきた明清時代の中国社会の実態とまさに好対照をなしている。女性の身体に対する変形を制度化し、女性のあらゆる自由と権利を奪い、生きていく自由さえ奪っていくという当時の中国はもはや文明国家でも何でもなく、ただの野蛮国家であって前近代的な暗黒・愚昧社会以外の何ものでもない。

「四大文明国家」から暗黒の時代へ

そして、江戸の文明国家日本と明清の暗黒中国との明暗を分けたのは何かとなると、その大いなる要素の一つがすなわち「朱子学と礼教」であることは前述の通りである。

「残忍刻薄」の朱子学と非人間的な礼教が明清の中国社会を支配していたからこそ、古代史においては「四大文明国家」の一つに数えられたはずの中国は文字通り野蛮国家となってしまい、中国史上最も長い暗黒の時代を生み出した。

その一方、江戸時代の日本人は、いったん朱子学を受け入れておきながら、すぐさまその異常な非人間性に気がつき、朱子学から離れてそれを捨てていった。さらにこの時代の日本人は中国の礼教たるものに対して最初から何の興味もなく、礼教による「汚染」を最初から拒否していた。その結果、江戸時代の日本人、とりわけ女性は中国流の礼教による抑圧と危害を免れて相当な自由と権利を享受できた。

有名な儒学者・頼山陽の母親に至っては、若奥様の時代から「和歌、写本、読書、趣味、社交、物見遊山と文化活動」を楽しみ、夜10時になってやっと帰宅する時もあったという。

江戸時代の日本人女性は、現代日本の主婦も羨むほどの自由奔放の生活を送ることができたわけである。

そう考えてみれば、朱子学と礼教という「中華ウイルス」を拒否したからこそ、江戸日本は世界有数の文明国家となり、そして江戸時代の日本人女性はわが世の春を謳歌することもできた、ということである。

易姓革命や科挙制度を拒否したのと同様、中国からの思想的・文化的ウイルスの感染に対する「免疫」を獲得したことは、日本民族にとってどれほどの幸いだったのであろう。昔の日本人は、じつに賢明だったのである。

終章

今でも「皇帝政治」と「易姓革命」から脱出できない中国の悲哀

共産党大会で完成された「習近平皇帝政治」

２０２２年10月23日午前、５年に一度の党大会で選出された中国共産党第20期中央委員会は全体会議を開いた。そこで、新しい最高指導部である政治局常務委員会メンバー７人の人事構成が決まったわけであるが、その顔ぶれを序列順で見ていくと、次のような面々である。

まず序列①は習近平（69）、政治局常務委員留任の上、党総書記を続投。２０２３年３月の全国人民代表大会（全人代）では国家主席に再々任した。

②は李強《りきょう》（63）、上海市党書記・政治局員から政治局常務委員に昇進、２０２３年３月の全人代では国務院総理（首相）に選出された。

③は趙楽際《ちょうらくさい》（66）、政治局常務委員留任、２０２３年３月には全人代委員長に就任した。

④は王滬寧《おうこねい》（67）、政治局常務委員に留任。２０２３年３月に開かれた政治協商会議の主席に就任。

⑤は蔡奇《さいき》（67）、政治局常務委員新任、党務・イデオロギー担当。

⑥は丁薛祥《ていせつしょう》（60）、政治局常務委員新任、２０２３年３月の全人代では筆頭副総理に任命

された。

⑦は李希（66）、政治局常務委員新任、中央紀律検査委員会書記に就任。

以上が2022年10月開催の党大会で誕生した、3期目習近平政権の最高指導部の人事構成である。そこには概ね、三つの注目すべき特徴があると思う。

まずは、党内の習近平派による最高指導部の完全独占がその大きな特徴の一つである。習近平氏以外の常務委員会委員6名のうち、趙楽際氏と王滬寧氏の2名はかねてから習近平の協力者であって、いわば習近平陣営の側近幹部。そして他の4名は全員、習近平氏自身の子分であることは中国内では広く知られている。彼らは全員、習氏が福建省や浙江省あるいは上海でトップを務めた時代の忠実な部下であって、習氏が党総書記になってから中央に抜擢されてきた人間である。政治的には彼らは100％習氏の子分であり、忠誠心を捧げる相手は習氏しかいない。

こうして見ると、中国共産党という党員9000万人の大政党は、その最高指導部が結局、習総書記本人とその6名の側近・子分によって完全に独占されていることがよく分かる。だがじつは、それは中国共産党が成立してから初めての事態であって、毛沢東時代でさえ、これほど偏った権力の独占状態にはなっていなかった。

たとえば毛沢東が独裁者として中国に君臨した時、首相の周恩来は毛沢東の忠実な部下で心強い協力者ではあったが、毛沢東の子分になったことは一度もない。しかし今、中国の首相となる予定の李強氏は、習氏の子分以外の何者でもない。毛沢東時代をはるかに超えた個人独裁体制が、今の新最高指導部において完成されたのである。

そして今後、重大政治案件や人事に関し、政治局常務委員会による多数決は事実上不可能となり、すべては習近平一人が独占的に意思決定を行なうこととなろう。習近平は事実上の「皇帝」となって、政治局常務委員は全員「臣下」の立場に甘んじなければならないのである。

それと関連して、新しい最高指導部のもう一つの特徴はブレーキ役の不在である。最高指導部7人中4人は習近平自身の子分＝イエスマンであって、その他の2名もそれほど実力を持っていない。つまり今の政治局常務委員会においては、内外政策の意思決定における習氏の過ちを正し、その暴走にブレーキをかける人間もいなければ、そのようなメカニズムもまったく存在しない。

習近平政権はこれでブレーキをかけられない政権となって、いったん暴走し始めたらもはや誰も止めることはできない。極端にいえば、習近平が「戦争」を決断すれば、中国はそのまま戦争に突入していくのである。

後継者の不在

最後に一つ、新最高指導部の人事構成が持つ重大な特徴は、すなわち後継者不在の構成である。

2017年の党大会で誕生した最高指導部に習氏の後継者がいなかったのと同様、今の新最高指導部メンバーにも習近平の後継者に当該する人物は見当たらない。まず趙楽際（66）、蔡奇（67）、王滬寧（67）、李希（66）の4氏の場合、年齢面からして習近平の後継者となることはまずない。そして若いほうの李強（63）氏は年齢的にはギリギリの線であるが、今から首相となる以上、総書記・国家主席になる目は一般的にはない。共産党政権の歴史上、首相から総書記・国家主席に昇進した前例は一つもないからである。

一番若手の丁薛祥（60）の場合も、国務院の筆頭副総理（副首相）となった以上、将来は次期国務院総理（首相）候補となる立場なので、共産党総書記の習近平氏の後釜に座る可能性はほとんどない。

こうして見ると、前回の党大会後と同様、習近平総書記は今の新しい指導部に対して自分の後継者となる人事をあえて行わなかったことがよく分かる。

その意味するところはすなわち、習氏は4年後の2027年秋開催の党大会でも引退するつもりはまったくなく、やはり3期目が終わったところで4期目へと進む腹づもりであろう。

つまり習近平総書記は事実上の終身独裁を目指しており、中国の「新皇帝」になりきるつもりである。今後、中国国内で大反乱や軍によるクーデターなどが起きない限り、習近平という人はまさに「皇帝」として中国に君臨し、そして昔の中華帝国の皇帝と同様、死ぬまで天下国家を支配していくこととなるのであろう。

21世紀の現在も、どうやら中国という国は依然として「暴君政治」のウイルスに感染したままの状況であって、悪しき伝統の皇帝独裁からいっこうに脱出できていないのである。

習近平皇帝の「即位」を迎え撃った「白紙の乱」

しかしその一方、さすが「易姓革命」の伝統のある中国だけあって、民衆レベルでの「反習近平暴政」の革命的機運も高まりつつある。

前述の党大会が終わってからひと月後の11月下旬、あたかも習近平皇帝の「即位」を迎え撃つかのように、民衆の反乱が起きた。11月25日から29日にかけ、中国の全範囲で群衆抗議運動が一気に広がった。25日に新疆ウイグル人自治区のウルムチ市で大規模な抗議行動が行われたのを皮切りに、北京、上海、成都、南京、武漢、深圳、広州など計18都市で続々と抗議デモや集会、そしてさまざまな形での抗議行動が展開された。その一方、北京大学・清華大学など計79の大学の構内・周辺でも大学生による抗議行動が行われた。

運動が展開する中で、後述の経緯によりA4サイズの白紙を掲げることが「流行」となり、一部では「白色革命」と呼ばれている。筆者は、中国歴史上の「黄巾の乱」などに因んでそれを「白紙の乱」と呼ぶことにした。

共産党政権下で今まで発生した多くの騒乱や動乱と比べれば、今回の「白紙の乱」はまず、迅速性と広範囲性を特徴としている。11月25日に前述のウルムチ市で抗議活動が起きると、乱はあっという間に全国範囲で広がり、数日の間に、東西南北の計18都市で抗議の声が上がった。まさに燎原《りょうげん》の火の如き展開である。

そして、この抗議運動が持つ最大の特徴は、最初は「反ゼロコロナ政策」から始まった運動が、直ちに革命の色彩が強い政治運動へとエスカレートしていったことである。上海・北京・成都などで行われた抗議デモ・集会では、「終身制は要らない」「皇帝は要らない」「改革は必要、文革は要らない」「自由は必要、独裁は要らない」「自由がなければ死んだほうがマシだ」「習近平、退陣せよ」「共産党、退陣せよ」「共産党、引っ込め」等々、かなり先鋭化した政治的要求を掲げたスローガンが叫ばれた。共産党政権そのものに矛先を向ける「革命運動」の様相を呈し始めたのである。

じつは、中国共産党に対して「退陣」「引っ込め」と求める政治スローガンが公然と叫ばれたのは、１９４９年に共産党政権が成立して以来の初めてのこと。まさに前代未聞の大事件である。政治要求の先鋭ぶりにおいては、「天安門運動」さえ超えた画期的な出来事である。

それほど広範囲に「革命運動」が勃発したことの背景には、何があるのか。その一つはまず、習近平政権の強引な「ゼロコロナ」政策に対する国民的反発の広がりであろう。

過去3年にわたって、極端にして乱暴な「ゼロコロナ」政策が強行された結果、経済が疲弊し、国民の多くは基本的自由を奪われて生活の基盤も失った。物理的封じ込めを基本とするこの異常な政策に対する国民全体の忍耐は、すでに限界を超えている。

実際、運動勃発の10日ほど前に、広東省広州市珠海区内の封鎖区域で、住民たちがバリケードを壊して封鎖を突破し、警察部隊と衝突する事件も起きた。そして25日からの一連の抗議運動においては、「封鎖解除」を求めることが終始一貫、群衆の基本的要求の一つとなっていた。いってみれば、今回の「白紙の乱」の発生はまさに「ゼロコロナ政策」に象徴される「習近平暴政」に対する民衆の怒りの爆発である。

給与削減、不動産市場崩壊による中産階級の破産

運動勃発の2番目の背景的原因は、やはり経済問題であろう。「ゼロコロナ」政策も一因となって、中国経済は今や沈没の最中である。商店主・中小企業を中心に企業倒産ラッシュが起きていて、2022年上半期だけでも、企業の倒産件数は46万件に上った（同じ時期における日本の企業倒産件数は3000件余）。若者を中心に失業が拡大し、給与削減の一般化による人々の収入減、そして不動産市場の崩壊による中産階級の破産も一般的な現象として起きている。各階層において、経済沈没に苦しむ人々が日々増えている深刻な状況である。

このような深刻な経済状況が、民衆の「反乱運動」発生の温床の一つとなっている。だがそれに加えて、「習近平皇帝」そのものに対する民衆の反発と絶望感が運動拡大の背景にあったとも思われる。

今まで多くの失策・愚策で国民からの信頼を失った習近平は、この年の10月の党大会で鄧

小平時代以来のルールを破って自らの続投を強行する一方、開明派・改革派と思われる李克《りこっ》強《きょう》首相らを党指導部から一掃した。そして、国民的人望のある胡錦濤《こきんとう》氏を党大会壇上から強制的に退場させる横暴な振る舞いを堂々と演じてみせる一方、無徳・無能の側近たちを抜擢して党の最高指導部を固めた。

この一連の政治的蛮行が行われた結果、習近平という横暴にして愚かな指導者と今の共産党指導部体制に対し、多くの国民は大変な嫌悪感を持つことになり、そして習政権下の中国の未来に深い絶望感を持つようになった。こうして「皇帝習近平」という指導者の存在そのものが、反乱の発生を誘発する最大の政治的要因となっているのである。

火に油を注いだソロモン諸島への弔電

以上のような背景の中で、中国国民はいつ爆発してもおかしくない状況下に置かれている。何らかの突発的な出来事が起きて火を付けると、一気に爆発する勢いであった。

文字通りの「火付け」となったのは11月24日、新疆ウイグル自治区のウルムチ市内の高層マンションで起きた大惨事の火災である。ゼロコロナ政策でマンションに物理的に封じ込められ、火事から逃げられない多数の住民が焼死・窒息死。3歳の子供も犠牲者の中に含まれていた。この事件は全国民に大きな衝撃を与え、ゼロコロナ政策に対する反発に火を付けた。

25日夜、まずウルムチの市民たちが行動を起こした。数万人の市民が市政府本部ビルを包囲して抗議活動を行い、それは一連の群衆的抗議運動の幕開けとなった。

そして26日、「火に油を注ぐ」という諺《ことわざ》通りの出来事があった。その日の『人民日報』は一面トップで習近平関連ニュースを掲載したが、それは「習近平主席はソロモン諸島の地震災害に対し、ソロモン総督に慰問電報を送る」というものであった。多数の国民が焼死したことに対し一言も発していなかった習主席が、外国の地震災害（人的被害なし）に慰問電報を打った。このニュースは国民の苦しみに無関心な暴君・習近平に対する反感・憤りに火を付け、またたく間に習主席その人に対する「反乱」勃発につながった。

こうして26日深夜から未明にかけ、上海市内の「烏魯木斉路＝ウルムチ通り」に若者を中心に多くの市民が集まり、ウルムチ惨事の被害者の弔《とむら》いから抗議行動が始まった。その中で「習近平退陣」「共産党退陣」の驚天動地のスローガンが彼らの口から叫ばれた。

27日午前、ウルムチ市政府は記者会見を開き、28日から段階的に市内の封鎖を解除し、公共交通機関を再開させ市民生活を通常に戻す方針を発表した。25日夜に市政府を包囲したウルムチ市民の抗議活動は、政府当局の「封鎖解除宣言」につながったと思われる。「市民が抗議行動を起こせば政府が敗退する」との前例ができたことは、多くの中国国民への大きな鼓舞となり、「反封じ込め」運動の広がりに拍車をかけた。27日から29日未明にかけ、上海に続いて北京・成都・西安・深圳など全国十数の都市と79の大学で抗議行動が行われた。抗議運動は国民的運動として広がっていく勢いとなった。

このようにして、25日からの数日間、ウルムチ惨事の発生とウルムチ抗議行動の展開、そして火に油を注ぐ習近平「慰問電報事件」とウルムチ政府の敗退など、さまざまな出来事が連続的に起きた結果、「天安門」以来の最大規模の群衆的反乱運動である「白紙の乱」が勃発したのである。

民衆の力に敗退した習近平政権と「白紙の乱」の今後

それでは習近平政権は、この重大事態にどう対処したのか。じつは抗議運動が全国で広がった約1週間、政府当局と傘下の御用メディアはそれに対し、いっさいの公式な反応を示さなかった。御用メディアが反体制の抗議運動を報じないのは中国では当然のことであるが、当局がこれに対して反応しないのは異例のこと。普段なら、政権そのものに矛先を向けるような抗議運動が発生すると、政権側は必ずや激しい反応を示して、それを「反革命騒動」など断罪した上で鎮圧を高らかに宣言するところである。

新華社通信が11月29日に報じたところでは、中国警察・武装警察の総元締である共産党中央政法委員会トップの陳文清氏が28日、同委員会の全体会議を開いて「敵対勢力による浸透・破壊活動を徹底的に取り締まろう」と指示したという。タイミング的には、過去数日間の群衆抗議運動に対し「鎮圧せよ」との号砲が鳴らされたと理解できよう。

だがそれでも、習近平政権は正面から全国の抗議運動を明確に批判して対決姿勢を示すようなことをしなかった。今までに国内の異議者たちに対してあれほどの厳しい弾圧を行ってきた政権にしては、異様ともいうべき「控えめ」な対応ぶりである。

もちろん水面下では、政権側が各地の抗議運動で突出したパフォーマンスを見せた人やリーダーだと思われる人を密かに逮捕していたことが判明している。それでも全体的には、抗議運動全体に対する大掛かりな鎮圧行動が展開された情報はない。その代わりに、政権側は各地で警察部隊を総動員して全国の都市部で厳重な警戒態勢を敷き、警察力をもってさらなる抗議活動の発生と拡大の封じ込めに躍起になった。それが功を奏して、12月に入ってからは抗議運動は急速に下火となって一時的に鎮静化した。

なぜ突然の政策転換に踏み切ったか

その一方、抗議運動の鎮静化とほぼ同時に、習近平政権はじつは一つ、意外な行動を取った。それはすなわち、北京・上海・深圳などの大都会で、「ゼロコロナ」政策による厳しい規制や封鎖を部分的に緩和させたことである。

たとえば北京市では12月に入ってから、陰性証明書なしでスーパーマーケットで買い物ができるようになり、多くのコロナ検査所が撤去されている。地下鉄を利用する際の陰性証明書の提示も、5日から不要となった。また広東省深圳市では、公共交通や公園を利用する際に提示を義務付けていたコロナ検査の陰性証明書を不要にすると発表した。上海、成都などの都市でも同じような規制緩和が実施されている。

そして、抗議デモが鎮静化してからわずか1週間後の12月7日、中国政府は突如、全国範囲内での「ゼロコロナ政策」の終了を発表し、約3年間にわたって国民に強いた乱暴な「ゼロコロナ政策」を自ら放棄した。

一連の抗議デモが発生するまで、あれほど厳しい「コロナ封じ込め策」を講じていた習近平政権は一体どうして、突然の政策転換に踏み切ったのか。その意思決定が行われた内情は依然として不明であるが、抗議運動自体を正面から断罪して鎮圧を宣言しなかった当局の対応に照らし合わせてみると、どうやら習近平政権は、あっという間に全国規模に広がった抗議運動の勢いに大きな衝撃を受け、そのさらなる拡大を恐れて全面対決の姿勢を控えめにしたのではないか。それと同時に政権は、民衆の不平不満を和らげるためにゼロコロナ政策の放棄を余儀なくされたのかもしれない。

もしそうであれば、その意味するところはすなわち、あれほどの強権姿勢の習近平皇帝は結局、立ち上がった民衆の力を恐れて不本意の敗退を喫した、ということである。

そして習近平は一つ、独裁者としての致命的な失態を犯していた。政権の看板政策である「ゼロコロナ政策」に対し、自ら主導権を発揮して緩和したり変更したりするのではなく、民衆によって反対された結果、そして民衆による抗議運動勃発の結果として政策の緩和を行ったのであれば、それは独裁者自身の権威性を大きく傷つけることとなると同時に、民衆に大きな自信を与えることにもなるからである。

今後の中国では政権の抑圧や失策に対し、一度とはいえ成功体験を味わった民衆が我慢せず抗議と反対の声を上げるようなことが、しばしば起きてくるのであろう。そういう意味では、民衆の抗議運動に対する習政権の敗退はパンドラの箱を開け、民衆による反乱の時代を幕開けさせたのかもしれない。始まったばかりの習近平政権3期目は、多難と多乱の時代になっていく予感である。

そもそも「白紙の乱」が発生したことの背景には「コロナ問題」だけではなく、深刻な経済問題と独裁者習近平その人に対する人々の絶望感・憎悪感があることは前述の通りである。しかし経済の沈没が止まらない以上、習政権が存続する限りにおいては「反習近平皇帝」の気運はますます高まっていくに違いない。民衆運動はこれからも、さまざまな形で展開していくのであろう。

運動の今後の方向性の一つはすなわち、一部の知識人や大学生たちが中心となって、習近平政権の打倒、自由・民主の獲得という政治的目標の達成に向かって、いわば政治運動・政治革命として広がっていくことである。その際、運動は激しい反乱というよりも温和な形の「白紙の乱」あるいは「白色革命」として持続的に展開していくのであろう。

2022年11月27日、清華大学構内で一人の女子大学生がA4の「白紙」を掲げて抗議活動を行なったことをきっかけに、一枚の白紙を手にして抗議活動を行なうのが一種の風潮として広がり、「白紙」は今、反独裁・反習近平のシンボルになりつつある。

何も書かれていない文字通りの白紙を静かに掲げた行為に対し、当局はなかなか取り締りにくいし、それを公然と鎮圧するのも難しい。そのうち「白色」そのものが運動のシンボルになる可能性もあり、人々は白色の服装や記章の着用、白色の道具の使用など、あらゆる形で白色を用いて自らの思いと意思を表現し、運動を持続的に展開させていくこともできる。

それが徐々に広がると、国民の多くが絶望感・閉塞感の中で「色で意志を表示する」という静かな「白色革命」に参加していくこともありうる。そして、迫りつつある経済危機がどこかで総爆発するのをきっかけに、より大規模にして、より広範囲な革命運動が本格的に起きる可能性が生じてくるのであろう。

いずれにしても、今回の「白紙の乱」を歴史の契機にして、中国の「繁栄と安定」の時代は終焉し、国全体は「動乱の時代」を迎えることとなろう。問題は今後、起きるであろう本格的な「白紙の乱」が何をもたらしてくるのかである。

そこには二つの可能性、あるいは二つのシナリオが考えられる。シナリオの一つは要するに、今後の中国民衆の反抗運動は「民主主義の実現」という明確な政治理念を掲げて、中国における皇帝政治の終焉と民主主義制度の確立を目指して展開していくというものである。

もしこのような民主主義運動の展開が現実のものとなり、しかも目標を達成できれば、中国はいずれ長年の皇帝政治の伝統に決別を告げて生まれ変わっていくかもしれない。もちろんそれが、中国自身にとっても国際社会にとっても一番理想的な到着点であることは言うまでもない。

国の精神と体を侵し続ける悪しき伝統

それに対し、もう一つのシナリオとは、民衆の本格的な反乱が民主主義などの政治理念を明確に掲げることなく、たんに暴政に対する反乱として広がっていくことである。あるいは民主主義の理念を掲げたとしてもそれがたんなるスローガン倒れとなって、民衆の反乱が事実上、従来の反暴政の乱として展開されていくことである。

その場合、将来に起きるべきより本格的な「白紙の乱」は結果的に民主主義制度の定着を中国にもたらすことなく、今までの中国歴史上に起きた無数の「易姓革命」として終わってしまう。

つまり反乱の発生が現在の習近平皇帝政治の終焉、あるいは共産党一党独裁体制の崩壊をもたらすと同時に「天下大乱」の内戦状態を作り出して、群雄が立ち上がって天下取りを競い合うような歴史が再現されていく。そしてその中で、どこかの勢力が軍事力で天下を平定して自らの政権を樹立すると、新しい政権は以前の共産党政権と本質的に同様の独裁政権となり、創建者はかつての毛沢東のような独裁者となって、実質上の皇帝として中国に君臨するのである。

つまり、中国の歴史上において何十回も繰り返された「皇帝政治→易姓革命→皇帝政治」という出口のない循環が、もう一度繰り返されることになる。これでは中国は永遠に、「皇帝政治」と「易姓革命」の悪しき伝統から脱出できない。一度感染した「中華ウイルス」が永遠に、中国という国の精神と体を侵し続けるのである。

悪しき伝統から脱出して、本当の民主主義国家としての再生を図るのか、それとも未来永劫、「習近平皇帝」のような悪しき独裁者の奴隷たることに満足するのか、中国国民はこれから運命の二者択一を迫られるであろう。

PHP新書

PHP INTERFACE
https://www.php.co.jp/

石 平［せき・へい］
評論家。1962年、中国四川省成都生まれ。北京大学哲学部卒業。四川大学哲学部講師を経て、88年に来日。95年、神戸大学大学院文化学研究科博士課程修了。民間研究機関に勤務ののち、評論活動へ。2007年、日本に帰化する。『なぜ中国から離れると日本はうまくいくのか』(PHP新書)で、第23回山本七平賞受賞。『そして中国は戦争と動乱の時代に突入する』『断末魔の習近平政権』(以上、ビジネス社)、『中国vs.世界　最終戦争論』(清談社Publico)、『習近平　独裁王朝に待つ悲惨な末路』(宝島社)など著書多数。

三大中国病

天命思想・科挙・礼教

PHP新書 1350

二〇二三年四月二十八日　第一版第一刷

著者――石平
発行者――永田貴之
発行所――株式会社PHP研究所
東京本部――〒135-8137 江東区豊洲5-6-52
ビジネス・教養出版部 ☎03-3520-9615(編集)
普及部 ☎03-3520-9630(販売)
京都本部――〒601-8411 京都市南区西九条北ノ内町11
組版――有限会社エヴリ・シンク
装幀者――芦澤泰偉＋明石すみれ
印刷所――大日本印刷株式会社
製本所――東京美術紙工協業組合

ISBN978-4-569-85444-1

PHP新書刊行にあたって

「繁栄を通じて平和と幸福を」(PEACE and HAPPINESS through PROSPERITY)の願いのもと、PHP研究所が創設されて今年で五十周年を迎えます。その歩みは、日本人が先の戦争を乗り越え、並々ならぬ努力を続けて、今日の繁栄を築き上げてきた軌跡に重なります。

しかし、平和で豊かな生活を手にした現在、多くの日本人は、自分が何のために生きているのか、どのように生きていきたいのかを、見失いつつあるように思われます。そして、その間にも、日本国内や世界のみならず地球規模での大きな変化が日々生起し、解決すべき問題となって私たちのもとに押し寄せてきます。

このような時代に人生の確かな価値を見出し、生きる喜びに満ちあふれた社会を実現するために、いま何が求められているのでしょうか。それは、先達が培ってきた知恵を紡ぎ直すこと、その上で自分たち一人一人がおかれた現実と進むべき未来について丹念に考えていくこと以外にはありません。

その営みは、単なる知識に終わらない深い思索へ、そしてよく生きるための哲学への旅でもあります。弊所が創設五十周年を迎えましたのを機に、PHP新書を創刊し、この新たな旅を読者と共に歩んでいきたいと思っています。多くの読者の共感と支援を心よりお願いいたします。

一九九六年十月

PHP研究所